AF493421

Ex Libris Bibliothecæ quã Illustriss. Ecclesiæ Princeps
D. PETRVS DANIEL HVETIUS
Episcopus Abrincensis Domui Professæ
Paris. P.P. Soc. Iesu Integram Vivens Donavit.
Anno. 1692

Hieronymi in Eph. 2. 1. Quaerimus quoque quid sit: In quib. aliqdo ambulastis secundum saeculum mundi hujus: Utrumnam et aliud saeculum sit quod non pertineat ad mundum istum, sed ad mundos alios, de quib. et Clemens in Epistola sua scribit: Oceanus et mundi qui trans ipsum sunt. Idem habet Origen. Tom. 1. περὶ ἀρχ. libr. 4. cap. 8. p. 437. A. B.

Agellius libr. 12. cap. 13. p. 325. In[illegible] sula in Oceano.

Juvenalis Sat. 14. v. 278. Sed longe pe relicta Audiet Herculeo stridentem littore Solem.

p. 5. Afimgaber, aujourd'huy Alcacer.
p. 7. Aiguille aymantée.
p. 12. Tables de l'aiguille aymantée des Alcaume.
p. 14. premiers qui se servirent de l'aiguille.
p. 15. Espiceries et leurs routes diverses.
p. 15. Navigaons sous les Ptolemées
p. 17. Navigations sous les Romains.
p. 22. Taprobane. Zeilan.
p. 23. Indiens a Luber
p. 25. Cèroneil en Jucatan.
p. 26. Ima isle.
p. 29. Canaries connues de long temps par les Espagnols et des Anglois p. 3
p. 29. Conqueste de Bethencourt p. 265.
p. 30. Madere nommée ainsi a cause de ses forests. 235.
p. 36. Cap de bonne Esperance decouvert.
p. 37. Roys de Portugal sortis de la maison de France.
p. 45. Voyages des Anglois qd commencez.
p. 48. La plus haute montagne du Monde vers Nova Zembla.
p. 51. 52. Recueil de Hakluyt et de Purchas.
p. 54. tables de camphre.
p. 63. Fleuve Oby, estimé le Carambice des Anciens.
p. 63. 64. Lever du Soleil ~~retardé~~ avancé et son coucher retardé par les refractions a la nouvelle Zemble. p. 84. 85. JV. p. 241.
p. 65. Climat doux sous le Pole. 68.
p. 67. Vents inegaux vers la terre.
p. 68. Peu d'obscurité sous le Pole.
p. 68. Aiguille aymantée inutile vers le Pole.
p. 74. Flots et vents tousjours favorables en la mer du Sud.
p. 74. Muessons.
p. 74. Espagnols et Hollandois cachent leurs routes et passages.
p. 75. Walrusses, vaches de mer. 102.
p. 76. 77. Compagnies des Indes en Hollande.
p. 81. Relations Flamandes de Wassenaere.
p. 84. Golfe de Vaygats, et non Destroit.
p. 84. Golfe de Vaygats sans ~~golf~~ flux et reflux.
p. 87. Ville et pays de Cathay.

Navigaons des anciens.
Relat. de la decouv. de l'Isle de Madere. p. 79. 80. etc.

~~[illegible]~~

p.88. Catheens.
p.96. Prestre Jean d'Asie different du Prestre Jean d'Ethiopie. 193. 194.
p.96. Benjamins Tudelensis.
p.101. Bacalles, Morue, en Basque. Apegé.
p.105. Voyages avantureux de Jean Alphonse Saintongeois.
p.107. Normans et Bretons decouureurs du Bresil.
p.107. Bresil a tiré son nom du bois de Bresil.
112. Vieillards agez de 300 & 335. ans.
p.122. Morses aux grandes dens
p.123. Zichin Roy de Frisland
p.126. Mines et pierreries de Canada.
p.127. Voyage de Canada par l'Escarbot.
p.129. Relation de Champlain imprimée en 1620.
p.134. Les Anglois tiennent les auenues de la grand' Riuiere.
p.136. Guillaume de Caen.
140. 141. Peuples de l'isle de Maragnon viuants 160, et 180. ans.
147. Eaux incorruptibles au Bresil.
p.148. Arauco indontable aux Espagnols.
p.151. Mer commune.
p.173. Antiquité de l'Astrolabe. p.181. Jean de Flessingue.
192. Royaume d'Yeso, et de Tunquin.
p.192. François exclus des Indes Occidentales par les Espagnols.
p.194. Nouuelle decouuerte du Tunquin par le P. Baldinotti.
p.201. 202. etc. Hesperides, Gorgones Isles.
p.204. Canaries d'ou ainsi nommées. 221.
p.208. Canariens se rasent auec pierres aigues.
p.209. Canariens estiment chose vile, de tuer des bestes.
p.211. Pic en Teneriffe. p.226.
p.211. Atlas, Montes claros.
p.212. Arbre d'eau en l'isle de fer. Et arbres semblables en l'isle de St. Thomas p.215. et ailleurs. 217.
p.215. Grappes de Madere longues de deux et trois pans.
216. Cannes de Succre des Canaries. 221. 223.
218. Oursole pour les teintures. 228.
[illegible] Melchior Canus Euesq. des Canaries.
219. Eueschié des Canaries.
p.226. Pic de Teneriffe, et sa hauteur
p.227. Bois Vinatico, Barbuzano, Taybayba plus excellente, Sang de Dragon. p.247.
p.227. Serins de Canarie.
p.238. Isle inuisible de St. Brandon, ou de Madere.
p.238. Canariens peuples de Mauritanie.
p.239. Teneriffe, ainsi nommée de Tener, qui en langage Palmesien signifie, neige, Iffe, montagne
p.245. Maluoisie, ou vin de Canarie.
p.248. Arbre immortel, ou Pins de Teneriffe.
p.250. Batesme des Canariens, et affinité spirituelle contractée par iceluy.

TRAICTE DE LA NAVIGATION ET DES VOYAGES DE DESCOUVERTE & Conqueste modernes, & principalement des François.

AVEC VNE EXACTE ET PARticuliere description de toutes les Isles Canaries, les preuues du temps de la conqueste d'icelles, & la Genealogie des Bethencourts & Braquemons.

Le tout recueilly de diuers Autheurs, obseruations, titres & enseignements.

Par BERGERON.

A PARIS,

Chez { IEAN DE HEVQVEVILLE, ruë sainct Iacques, à la Paix. ET MICHEL SOLY, au Phoenix.

M. DC. XXIX.

AVEC PRIVILEGE DV ROY.

SOMMAIRE DE CE TRAICTÉ.

FIN.

TRAICTÉ DE LA NAVIGATION,

ET DES VOYAGES DE descouuerte & conqueste modernes.

LA prouidence est admirable en toutes ses œuures: Mais elle ne l'est pas moins en la descouuerte nouuelle de terres incogneuës, qu'és diuerses peuplades & habitations sur la face de la terre, faites de proche en proche, & de temps en temps par les enfans de Noé, selon leurs langues & humeurs differentes; Aussi semble-il que l'vn soit arriué plustost par necessité & occasion, que de propos deliberé, ainsi que les peuples se poussoient les vns les autres, & que diuers accidens les por- § 1.

Peuplades du monde.

toient qui çà qui là; où l'autre mõstre vn dessein formé par cognoissance & discours de raison, comme l'effet nous le fait recognoistre: Mais ce qui est le plus à considerer est comme il a pleu à Dieu par vn haut secret de sa sagesse, que les choses cachées par tant de siecles se descouurissent en fin, & d'autres autrefois cognuës, puis comme perduës par vn long-temps, se soient derechef trouuées; tout cela cõme dit le Sage[a], afin que chaque chose fust cherchée en son temps, & se trouuast plus belle en sa saison.

a Eccles. 39. 25.

Choses nouuellement trouuées.

Ainsi par le mesme secret tant de choses admirables & vtiles, dont les anciens ne s'estoient iamais auisez, ont esté heureusement trouuées depuis quelques siecles comme les horeloges, l'aiguille aymantée, l'artillerie, l'imprimerie, les lõgs voyages, tant de sciences renouuellées & perfectionnées, tant d'arts & d'artifices inuentez ou augmentez, tant de langues mortes resuscitées, tant d'autres rudes & barbares, polies, adoucies, embellies. Nous voyons auiourd'huy la guerre comme reduite en art, & sa discipline reglée par des moyens qui surpassent de bien loin tous ceux de l'antiquité.

Mais aussi combien d'autres choses qui estoient iadis en vsage, sont maintenant, ou peu cognuës, ou du tout perdues? Ainsi le verre malleable, la teinture du vray pourpre, la taille du porphire, la preparation de l'hellebore, les subtiles inuentions & machines d'Archimede, & tant d'autres qui toutesfois doiuent ceder aux gentilles inuentions de nostre temps, & sur tout à celle du Telescope ou lunettes de perspectiue & d'approche, qui nous auoisinent du Ciel & des Astres, & nous font recognoistre là haut, non seulement de nouueaux Planetes & des Estoilles fixes innumerables; mais mesmes vne infinité d'autres secrets où les anciens n'ont sçeu penetrer. *Anciennes perduës.* *Lunette d'approche.*

En cela l'on peut dire que nostre dernier siecle a excellé sur tous les precedens, & qu'il ne doit rien aux si celebres & tant chantez de Salomon, d'Alexandre & d'Auguste. Mais s'il a sujet de se priser & auantager en quelque chose, c'est principalement en la Nauigation, que l'on a mis à tel poinct de hautesse & perfection, par le moyen de la Boussole, que le grand & vaste Ocean, dont la *§. 2.* *Nauigation.*

veuë & le nom seulement faisoient iadis peur aux hommes, leur est auiourd'huy vn passage ordinaire, & comme vn voyage de plaisir

Car de dire, comme veulent quelques vns [a], que Salomon ayt eu cognoissance de nostre aiguille marine, il n'y a ny raison ny apparence; & la longueur du voyage de ses flottes en *Ophir* & *Tharsis*, de trois années, le monstre assez: puis que soit que cela s'entende de *Sofala* & *Cüama* en Afrique, où est la plus riche mine d'or du monde; ou de la *Chersonese d'or* d'Indie, qui est la Malaque des Portugais; ou bien de la Chine; voire mesme du Perou des Castillans, comme d'autres veulent [b]: Auiourd'huy ces nauigations là, les plus esloignées, se font en beaucoup moins de temps. Il y a bien plus d'apparence que les voyages de mer se faisoient lors terre à terre, sans s'eslongner gueres des costes, sous la seule guide du Soleil, & de quelques Estoilles proches de nostre Pole: Et ce Sage Roy mesme, ne se seruoit pas de ses sujets ny de ses vaisseaux pour cela, mais des Pheniciens les plus experts mariniers d'alors, qui commencerent

[a] *Pineda in Salom. Fullerus l 4. Miscell. c. 19.*

Ophir & Tharsis.

[b] *Genebrard. Chronol.*

Pheniciens premiers Nauigateurs.

les premiers à nauiger toute la mer Mediterranée, où en ses costes ils bastirent plusieurs villes, comme Carthage, Vtique, les Gades, & autres; coururent la mer rouge & vne bonne partie de l'Afrique & de l'Asie, & tout cela pour le commerce : Si bien que Salomon estant maistre de l'Isthme du Goulfe Arabique, & de ces costes-là, leur commit sa flotte, pour ces voyages, afin d'en rapporter or, argent, pierreries, parfums, yuoire, bois exquis, animaux, & autres marchãdises pretieuses; Ce qui ne se pouuoit apporter que d'Asie ou d'Afrique, & non des Indes d'Occident. Car il est à croire que ce Roy enuoyoit chaque année vne flotte qui ne retournoit qu'au troisiesme an, & partant du port *d'Asiongaber* (dit depuis *Berenice*, & auiourd'huy *Alcacer*) sur la mer rouge, & arriuée au destroit de *Babelmãdel* se separoit en deux, dont l'vne tiroit vers Oriẽt iusques en Malaca, Sumatre, & les Iaues, voire plus loin; l'autre vers Sofale, qui apres costoyant tout le reste d'Afrique, retournoit par les Gades, & la Mediterranée iusqu'au port de Iope : Ce que quelques-vns disent [a] se pouuoir re-

Flottes de Salomon.

[a] *Villalp. in Ezechiel.*

cueillir de diuers passages de l'escriture.

§ 3. OR laissant les Nauigations vn peu fabuleuses des fameux Argonautes pour les mines d'or de Colchos, & de quelques anciens Grecs & Troyens en suite, bien que les Tyriens, Carthageois & Egyptiens ayent fait plusieurs voyages en diuers temps, tant sur la mer Mediterranée, que sur la rouge, & sur l'Ocean mesme, comme il se lit d'vn Eudoxe [a] soubs les Ptolomées, & de quelques autres, qui par hazard, & portez par les vens & les tourmentes, firent le tour de l'Afrique; Toutesfois il est bien certain que c'estoit sans aucun vsage de l'aiguille, incognuë non seulement à lors, mais bien depuis encor au temps des longs voyages d'Alexãdre, des Roys de Syrie & d'Egypte, & des Romains qui ne se faisoient qu'auec grande peine, lõgueur, & danger, & encor en suiuant les riuages seulement, obseruans les saisons & les vens, se guidans de iour par le Soleil, de nuit par la Lune & les Estoilles, à sçauoir par la *Cynosure* ou petite Ourse, comme les Pheniciens; par l'Helice ou grand Chariot, comme les Grecs; & par le Canope, comme les Arabes [b]: &

Nauigations anciennes.

[a] *Plin. l. 2. c. 67.*

Posidonius et Auicenna nouas terras fuerant subodorati. Petr. Bembo Histor. Venet. Libr. 6. p. 82. 2. Arnald. Ferron. in Carol. VIII. p. 40. 1.

l'Isle Ogygienne d'escrite par Plutarq. De la face de la Lune, pag. 941. situee au couchant de l'Angleterre, laquelle il pretend estre vn grand continent.

Voyag. de Wheler T. 1. p. 163. Mr. Wer... nous assura qu'il auoit veu vn ancien liure d'Astronomie, qui supposoit l'usage de l'esguille aymantee, quoy qu'on ne s'en seruist pas pour la nauigation, mais pour l'Astronomie.

Cynosure & Helice.

[b] *Marin. Tyr.*

tout cela auec incertitude & peril; Ce qu'auiourd'huy l'on fait en toute asseurance, promptitude & facilité, durant la tempeste mesme, en toute saison, soit de iour, soit de nuit claire ou obscure, d'vn bout de la terre à l'autre, & tout par le moyen de l'aiguille aymantée, que l'on dit [a] auoir esté trouuée à Melfe, il y a pres de 400. ans, par vn nommé Flauius, que d'autres appellent *Iean Gira* ou *Goya*. Nos Poëtes de ce temps-là appellent à ceste occasion *Marinete*, la pierre d'aymant qui sert aux voyages de mer, à cause de ses Poles qu'elle tourne vers ceux du monde, selon sa situation en la mine. Ainsi la nomme Hugues de Bercy [b] du temps de S. Louys en l'an 1260. quand il souhaite que le Pape ressemble à l'Estoille du North.

a Blondus.

b En sa Bible Guiot. Voy Pasquier en ses Recherches l.7.c.3.

De nostre Pere l'Apostoile
Voulsisse qu'il semblast l'Estoile
Qui ne se muet, moult bien le voyent
Les Maronniers qui s'y auoient,
Par celle Estoille vont & viennent,
Et lor sens & lor voye tiennent,
Celle est attachée & certaine,
Ils l'appellent la Tramontaine,

Toutes les autres ſe remuent,
Et lor lieux rechangent & muent,
Mais ceſte Eſtoile ne ſe muet,
Vn art font qui mentir ne puet,
Par vertu de la mariniere [a],
Vne pierre laide & noiriere
Où li fers volontiers ſe ioint,
Et ſi regardent le droit poinct,
Puis que l'aiguille l'a touchié
Et en vn feſtu l'ont fichié,
En l'iau le mettent ſans plus,
Et li feſtus li tient deſſus,
Puis ſe tourne la pointe toute
Contre l'Eſtoille, ſi ſans doute
Que jà per riens n'y faulſera
Ne maronniers n'en doutera,
Quand la nuict eſt obſcure, & brune
Qu'on ne voit Eſtoille ne Lune,
Lors font à l'aiguille alumer,
Puis ne peuuent ils s'eſgarer,
Contre l'Eſtoille va la poincte
Per ce font li maronniers cointe
De la droite voye tenir.
C'eſt vn arts qui ne puet mentir,
Là prennent la forme & le molle
Que ceſte Eſtoille ne ſe crolle,
Mout eſt l'Eſtoille belle & claire,
Tel deuroit eſtre le ſainct Pere, &c.

a Marinete. Noirete.

Là il enseigne que l'aiguille frotee d'aymant tourne tousiours tant qu'elle s'arreste au North; & qu'en la nuict plus obscure, les mariniers allument de la chandelle pour voir le Cadran; mais alors on mettoit quelques festus en l'eau, & sur iceux on asseoit l'aiguille, qui ne demeuroit en repos tant qu'elle eust atteint son poinct polaire: maintenant on la met dans la boussole sur vne petite pointe de leton.

Cadran ancien.

L'on void en nos Histoires sainctes que l'vsage en estoit desia assez ordinaire pour la nauigatiõ dés l'an 1213 [a]. Et cependant on n'en attribuë l'inuẽtion aux Amalfitains que depuis l'an 1260. ou enuiron. Quelques-vns mesmes veulent que Marc Pole Venitien en ait apporté l'inuention de la Chine, mais auant luy elle estoit desia assés cogneuë, cõme ces passages monstrent. Car de ce que d'autres veulent [b] que les anciens Tyriens en ayent eu l'vsage, & que ceste pierre ait esté pour cela nommee *Herculiẽne*, à cause d'Hercule adoré par eux soubs le nom de guide des chemins & voyages, auquel ils sacrifioient soubs ce tiltre auãt que d'entreprẽdre quelque nauigatiõ, il

[a] *Iacques de Vitry hist. Orient. l. 3.*

[b] *Fullerus, Miscellan. l. 4. c. 19.*

ἡγεμὼν.

n'y a pas grande apparence à cela, tant pour ce que ceste pierre peut auoir eu ce nom, ou à cause de sa force prodigieuse à tirer le fer, ou pour son inuenteur, ou plustost pour le lieu où elle a esté premierement trouuee auoir ceste vertu; Qu'aussi auroit-il esté mal-aysé, si les Tyriens en auoient eu cognoissance, qu'ils l'eussent peu cacher aux autres nations, & mesmes à leurs vainqueurs Assyriens, Perses, Grecs & Romains, qui l'ont du tout ignoree, & s'en fussent bien seruis en leurs grãdes nauigations. Que si ceste inuention est venuë des Orientaux, comme il y a beaucoup d'apparence, puisque nos premiers nauigateurs en ont remarqué l'vsage en ces cartiers-là, & que les meilleures pierres d'aymant se trouuẽt és mines de Bengale & de Chine; il faut que cela ait esté auãt les voyages de Marc Pole, par le moyẽ des Mores & Arabes voyageans & traficans de tout tẽps en ces païs-là. Quoy que c'en soit on tient que les Melfitains s'en seruirẽt des premiers sur la mer Mediterranee. Ce fut assez grossieremẽt au cõmencement, mais de tẽps en tẽps l'art s'en est accreu, si bien que depuis quelques an-

Pierre Herculee ou plustost Heracleenne.

nees on l'a reduit à tel poinct que les lõgitudes, chose si difficile à trouuer en la nauigation, en ont receu beaucoup de lumiere. Ce qui a fait si hardiment & heureusement entreprendre tant de grands voyages à tous nos Europeens; à quoy ils ont esté bien aydez par la direction des doctes Mathematiciens & Cosmographes a de ce temps, qui sur les frequentes obseruations marines des pilotes ont formé leur science, pour trouuer plus asseurément les ports, & tous autres endroits de terre ou de mer en leurs vrayes hauteurs & longitudes, selon les diuerses directions, declinaisons & variations de la boussole. Cela facilite grandement la nauigation, & rend les routes plus certaines, suiuant les rhombes & lignes de vent. On se seruoit auparauant assez vtilement des eclipses, & du mouuement de la lune mesme, ou de quelque estoile fixe, selon le meridien d'vn lieu certain, accómmodé apres à tout autre, par vne differẽce proportionnelle de 24. heures. Mais la difficulté se trouuant au mãque de telles rencontres d'obseruations faictes exactement & par experts, on a esté contraint de chercher

Longitudes.

a *Mercator, Medina, Nonius, Gilbert, Plancius, Stevin & autres.*

vne autre voye par le pole d'aymãt que l'on ſuppoſe, ſoit au Ciel, ſoit en la terre[a], & qui toutefois n'eſt encores trouué aſſeurément & ſans aucune variation, comme il le faudroit pour rectifier ces longitudes. Et nonobſtant cela on n'a pas laiſſé de remarquer par les diuers raports des pilotes, qu'il y a certains endroits de la terre, où l'aiguille n'a aucune variation[b], comme eſt l'iſle *del Cueruo* aux Açores, les Caps de ſainct Auguſtin & de las *Agullas*, les bouches du Canton & autres: & de ces poincts fixes on obſerue les variations en Orient & Occident, ſurquoy on taſche de regler tout le reſte. Mais toutes ces diuerſitez ont eſté reduites en tables par noſtre grand Mathematicien François, le feu ſieur Aleaume, qui en a trouué le ſecret, en laiſſant l'aiguille librement ſuſpenduë en ſa boüette: eſtimant à bon droit, que les varietez, & les poincts plus ou moins directs en certains endroits, ne procedoient que de la liberté ou contrainte de l'aiguille és bouſſoles, toutes horiſontales, qui ne ſe trouuent libres que ſoubs l'Equinoctial, & par tout ailleurs contrainctes plus ou moins ſelon

Tables du ſieur Aleaume.

a *Comme fait Gilbert l. de Magnete.*

b *En la limeneuretique des ſieurs Steuin & Grotius.*

qu'elles s'en esloignent. Mais la plus grande perfection de cela depend des diuerses & exactes obseruations des pilotes, dont le temps donnera plus de cognoissance.

Depuis quelques annees vn *Benedetto Scotto* Genois a proposé a quelques moyens de cognoistre les vrayes terminaisons de ces longitudes, par son globe Maritime, & par certains instrumens polaires, quadrans, & quelques tables Astronomiques de son inuẽtion; & que selon cela on pourroit auoir vne façon vniuerselle & non limitee (comme elle est d'ordinaire) de nauiger par toutes les mers en tous lieux, sans obseruation de tẽps, ny de vẽts, aller, retourner, à droit, à gauche, se remettre en sa route perduë, soit par vn vẽt ou par vn autre, sans alõger ny retarder son voyage, descouurir tous lieux cachez, & que l'on cherche; & ainsi corriger toutes cartes Geographiques & Hydrographiques, mal notees en leurs longitudes; Outre plusieurs autres grandes vtilitez pour la nauigation vers le Pole, cognoissance des heures du iour & de la nuict, des hautes & basses marees, des vents en tous lieux & en

Scotto.

a *En son traicté du Globe maritime & des longitudes.*

toutes saisons de l'annee, hauteur du pole, rhombes de nauigation, quantité de iours, & autres remarques Cosmographiques & Astronomiques: mais le feu sieur Aleaume trouuoit beaucoup à redire en ce fait des longitudes; encores que pour le passage du North vers le Pole, il ne soit pas du tout sans raison, comme nous monstrerons cy-apres.

Premiers qui se seruirent de l'aiguille.

Ainsi donc les Italiens, & principalement les Venitiens, Genois & Pisans, & les Catalans aussi, ont esté des premiers à se seruir de l'aiguille en leurs nauigations; puis furent suiuis par les François, Portugais, Castillans, Anglois, Danois & Holandois, qui, bien que les derniers, s'en sont vtilement aydez pour discourir par toutes les mers du monde, & descouurir les terres plus loingtaines au Midy & Septentrion, iusques presque sous les Poles mesmes. Ce qui donne esperance que dans peu d'annees, il ne restera rien sur la terre, qui ne soit non seulement manifeste & descouuert à la loüable curiosité des hommes, mais mesmes rendu plus facile, & plus seur, de sorte que l'on peut auiourd'huy plus asseurément nauiger par toute l'estenduë des mers de *North* & du *Sud*, *Est* & *Oest*, que l'on ne faisoit jadis sur la Mediterranee, voire mesme sur le simple Goulfe Adriatique.

§. 4.

Commerce fruit de la nauigation.

Espiceries & leurs routes diuerses.

OR l'vn des premiers fruicts que l'on tire de ceste nauigation, outre ce qui est de la cognoissance des diuers païs du monde pour la propagation de la foy, & l'entretien de la societé entre les hõmes, c'est le commerce & debit de toutes sortes de marchandises, riches metaux, pierreries & drogues, qui estans esparses çà & là en lieux fort esloignez l'vn de l'autre, selon les diuerses faueurs du ciel & de la nature, sont par ce moyen communiquees par tout comme en vne foire vniuerselle. Mais ce trafic est principalement pour les espiceries & autres denrees qui nous viennent de l'Orient, & dont le passage a varié plusieurs fois selon les temps. Soubs les Ptolomees il se faisoit par la mer rouge en Alexandrie, où les Romains le continuerent; car Philadelphe fut le premier qui ouurit ce chemin qui se faisoit [a] le long du Nil iusqu'à *Coptos* ou *Cana*, puis par terre auec chameaux iusqu'à *Berenice* ou *Cosair*, & de là le long du goulfe,

[a] Strabon l. 17.

& par de là iusqu'és Indes & en la Taprobane. Puis il fut changé par terre depuis le fleuue Indus, par la Bactriane, riuiere d'Oxus, mer Caspie, Astracã, Volga, la Tane & mer Maiour, où les Venitiens au commencement alloient querir ces espiceries pour en fournir toute l'Europe. Puis voyans que ceste voye estoit trop longue & incommode, ils reprirẽt l'ancienne par Alexandrie & Baruth, soubs les Soudans d'Egypte. Mais depuis le dernier siecle les Portugais se seruans de leurs voyages d'Orient, ont transporté ce trafic par leur grand chemin à l'entour de l'Afrique iusqu'à Lisbone, & de là à Anuers, où il a esté tant que les Holandois courans sur leurs brisees l'ont reduit à Amsterdam, où il est auiourd'huy principalement; car Seuille, Lisbone, Londres & autres lieux en ont aussi leur part. Mais on remarque qu'vn si long chemin par mer empire les espiceries, qui ne sont pas si entieres & si fraisches que celles qui venoient par Alexandrie & Venise.

Estats enrichis par le commerce.

La commodité que l'on tire de ce trafic est telle, que cela a autrefois accreu & enrichy grandemẽt les Estats qui s'en sont

sont meslez, comme jadis les Pheniciẽs, Rhodiots, Siracusains, Marseillois, Alexandrins, Carthaginois & autres. Strabon parlant des richesses d'Alexandrie par dessus toutes les villes du monde, dit [a] que cela luy venoit par le trafic tant de mer, que du Nil, & par terre. Le grand reuenu des Ptolomees qui mõtoit à plus de huict millions d'or, estoit principalement de là. Depuis les Romains en tirerent bien d'auantage, continuans ce trafic, & l'accroissans de la Troglodytique & des Indes. Car auparauãt peu de vaisseaux osoient s'auenturer de penetrer le Goulfe & passer ses bouches; mais eux enuoyerent de grãdes flotes és Indes, & en la derniere Ethiopie, d'où ils rapportoient force riches denrees; & de là vint la multiplication des daces & gabelles pour les espiceries, drogues, estoffes, teintures, animaux & autres singularitez, la plus part peu cognuës auiourd'huy, comme l'on en voit le denombrement dans le droit Ciuil [b]. Ce trafic demeura souz la fleur de l'Empire, mais apres l'inondation des Gots & autres barbares il se perdit presque du tout, sinon que depuis il a esté assez biẽ renouuellé & aug-

a *l. 17.*

b *Au Digeste. l 39 tit. 4. de Publicanis & Vectigalib. §. Species.*

menté par tous les peuples Occidentaux depuis vn ou deux siecles.

§. 5. De toutes ces descouuertes donc, les vnes ont esté renouuellees seulement, comme celles de la haute Asie, de la plus part de l'Inde Orientale, & de nos Canaries: les autres ont esté faictes de nouueau, comme tout le nouueau monde Occidental, & beaucoup de terres en Orient, Midy & Septentrion, vers les extremitez d'Asie, Afrique & Europe.

Descouuertes nouuelles ou renouuellees.

Ce n'est pas que quelques-vns [a] de ce temps, auec raisons apparentes, ne taschent de monstrer que les Indes d'Occident ayent desia esté cognuës autrefois; & que de cela fait preuue la grande isle Atlantide de Platon, & le fameux voyage du Carthageois *Hanno*, qui durant la fleur de Carthage entreprit son voyage vers Occident & Midy, auec vne flote de 60. vaisseaux, où il y auoit 30. mil personnes hommes & femmes: Les vns disent que partant des Gades, & ayant doublé le cap, dit *Corne d'Hesperie*, il penetra iusqu'à la mer rouge, ayant fait le tour d'Afrique, & que cinq ans apres il reuint en Espagne, d'où il estoit party; de sorte qu'à ce compte-là, ceste *Corne*

[a] *Ouiedo, Popeliniere, Cluuerius, &c.*

Hanno & son voyage: voy Mela, Pline, Solin, &c.

d'Hesperie seroit le Cap de Bonne-espe-rance; mais il y a peu d'apparence à cela; & est plus certain ou vray-sẽblable, qu'il n'approcha point de l'Equinoctial plus pres d'vn degré. Il bastit plusieurs villes le long de la coste d'Afrique; & dit-on que là il vit le palais d'Anthee, & les re-nommez iardins Hesperides. Il passa les Promontoires qu'auiourd'huy l'on ap-pelle Caps du *Guer*, de *Non*, de *Boiador* & *Cap blanc*, iusqu'à l'isle de *Cerné* qui doit estre *Arguin*; puis vint aux isles Hesperides ou du Cap verd; de la pas-sant le Char des Dieux, qui est *Serrelyon-ne*, paruint en fin iusqu'à la *Corne d'O-stro*, à vn degré de la ligne vers le Cap des Palmes & *Fernandopoo*: De sorte que la Corne d'Hesperie seroit plustost le Cap verd que celuy de Bonne-esperan-ce. Et y a apparẽce, qu'ayant trouué que l'Ethiopie Occidentale s'estendoit de-puis le destroit vers le Midy, iusqu'à cinq degrez, puis tournoit au Leuant, & de là derechef au Midy, il pensa que la Lybie, ou Afrique, fust terminee là par l'Ocean, comme il voulut faire croire par gloire & vanité: mais quoy que ce soit il fut empesché de passer outre: Les vns disent

Iardins Hesperides.

Isles Hesperides.

non tant par la difficulté des mers & de la Zone torride, que par faute de viures: bien que d'autres pensent qu'il ne passa point les isles Fortunees ou celles du Cap verd, à cause de la petitesse & foiblesse de ses vaisseaux nõ capables d'vne si haute & forte mer. Passant par les isles *Gorgones* ou *Hesperides*, il y trouua des femmes veluës, dont il rapporta des peaux qu'il appendit au Temple de Iunon, où elles demeurerent iusqu'à la destruction de Carthage. Il fit son *Periple* ou commentaires de sa nauigation, qu'il dedia & mit au Temple de Saturne. Sõme que c'est vn des plus anciens & memorables voyages que nous ayons. A cela se rapporte ce que dit Aristote[a], que les Carthaginois nauigeans au delà des Colomnes d'Hercule, trouuerent vne isle fertile & abondante en tous biens, esloignee de plusieurs iours de la terre ferme, & que comme nombre de personnes commençoiént à s'y habituer, les Magistrats deffendirent sur peine de la vie, qu'aucun n'eust à s'y arrester, craignans qu'en fin croissans en nombre ils ne vinssent à se rebeller contre Carthage; sçauoir si cela se doit entendre du

Gorgones ou Gorgades, isles.

a l. de admir. au dit.

voyage de Hanno, il y a de la difficulté. Car si c'est celuy qui fut enuoyé en Sicile vers Agatocles, comme quelques-vns veulent, il fut depuis le grand Aristote qui n'en peut auoir fait mention; si ce n'est que ce soit l'Aristote Pontique qui ait rapporté cela.

Quant à Platon, il fait [a] son isle *Atlantique* aussi grande que toute l'Asie & l'Afrique cognuës de son temps. Qu'elle estoit vers Occidēt au delà des Colomnes par plusieurs iournees de chemin; estoit fertile en tous fruits, riche en or, argent, baumes odorans, bois exquis, & autres choses de prix & de delices; estoit enuironnée d'isles, & qu'elle perit en fin, & fut submergee en vne nuit, laissant ces endroits-là pleins de rochers innauigables, dont les restes furent les Fortunees & autres isles; auec plusieurs autres remarques qui conuiennent en quelque sorte à l'Amerique, qui n'est esloignee en ses premieres isles que de 25. iournees d'Espagne, & Colom ne mit pas plus de temps en son second voyage pour arriuer en la *Dessead*a l'vne des *Antilles*. Mais ceste isle Platonique ne peut estre le nouueau monde, puis qu'elle fut submergee

[a] En son Timee & Critias.

Atlantique de Platon.

Amerique.

du tout. Pour les autres terres incognuës d'Afrique, ils disent [a] que Nechus ou Necao Roy d'Egypte, fit circuir en trois ans toute ceste partie du monde depuis la mer rouge iusqu'à la Mediterranee par le destroit, & qu'vn Eudoxus [b] fuyãt la cholere du Roy *Ptolomee Latyrus*, sortit par le Goulfe Arabique, & reuint par les Gades : mais tout cela est assez incertain : & si quelques-vns ont faict ce tour, ç'a esté par hazard, & d'autres n'ont pas osé l'entreprendre depuis pour le dãger.

a Herodote l. 4.

b Plin l 2 c. 67.

Pour ce qui est de l'Asie, que les Pheniciens & Carthaginois auoiẽt passé plusieurs fois sous l'Equateur, & eu cognoissance de la Taprobane, & que c'est l'isle descouuerte par Iãbole marchand Grec, long-temps auant Platon, au rapport de Diodore [c] : ceste antique Taprobane est par la plus part auec tres-bonnes raisons prise pour Zeilan, bien que sa grãdeur & sa situation sous la ligne, d'où nostre pole ne se peut voir, suiuant tous les anciẽs, conuiendroit mieux à Sumatra ; ce qui est vn curieux & digne exercice pour les Geographes, auec la situation du vray Gange qui en depend. Puis on rapporte de quelques Indiens portez par tem-

Iambole.

c l. 2.

Taprobane.

peste és costes de Suede & Germanie,& presentez au Proconsul Metellus Celer [a]; & ces autres long-temps depuis qui arriuerent à Lubec, du temps de Frideric Barberousse.

a *Plin. l. 2. c. 67.*

Quelques-vns pensent que ces Indiens venoient de l'Amerique, mais plus vray semblablement d'Orient & de la Tartarie ou Chine [b]; les *Sines* ou Chinois estãs lors maistres du commerce & de la nauigation de l'vne & l'autre Indie. Aussi tient-on que les peuples Americains en peuuent estre sortis, & la couleur & forme du visage n'y contredisent pas; bien que la pluspart veulent [c] que ce soit des dix tribus Israëlites chassees & releguees vers Arzareth [d], d'où l'on dit que les Tartares sont sortis : puis que l'on a trouué encor des Circoncis en *Iucatan*, *Vraba*, *Dariene*, & autres lieux [e]; ce qui a esté toutefois refuté par d'autres [f]; & y en a qui ayment mieux les tirer de la grande *Scandie* qui a ietté tant de peuplades par le reste de l'Europe, & ailleurs. Mais l'Amerique n'estant gueres esloignee de la Chine & Tartarie vers le North, il est à croire que de là on y peut auoir passé autrefois par le destroit d'Anian. En fin on

b *Lucene.*

c *Borellus.*

d *Esdras l. 4. c. 13.*

e *Martyr Decad. 3. & 4.*

f *Fuller. Miscell. l. 2. c. 5.*

rapporte beaucoup d'autres exemples & tesmoignages à ce propos pour monstrer la cognoissance ancienne que l'on auoit des Indes Occidentales, & autres païs descouuerts depuis peu de siecles. Surquoy il y auroit bien à discourir & cõtredire à vn besoin; mais il vaut mieux pour le present se tenir à la creance commune que ces terres de l'Amerique n'õt esté cognuës au vieil monde de deçà, que depuis les voyages de Colon, de Vespuse, & des Espagnols : & les costes Meridionales & extremitez d'Afrique & d'Asie seulement depuis la descouuerte faicte par les Portugais, en suite de celle des Canaries par nos François, cõme le Septentrion par les Anglois & Hollandois. Car quoy que l'on rapporte de l'antiquité, cela a esté tant desguisé & meslé de fables, & la memoire s'en est tellement perduë par l'esloignement de tant de siecles, que l'on en peut rapporter la vraye gloire à nos derniers temps, sans faire tort aux anciens. Car pour ce qui est de la haute Asie & des Indes d'Orient, laissant les fables de Bacchus, Persee, Hercule, & autres, il s'en faut tenir à ce que nous auons par escrit des voya-

Amerique depuis quand cognuë.

Herbert p. 554, et suiv. en attribue la decouuerte a Madoc Gallois.

ges, ou plustost cõquestes de Ninus, Semiramis, Sesostris, Alexandre, des Antioques, Ptolomees, & des Romains.

§. 6. Canaries ou isles Fortunees, quand cognues.

MAIS pour nos Canaries, il est bien certain que de toute ancienneté y en a eu memoire sous le nom d'isles Fortunees, tant chantees par les Poëtes & Historiens. Quelques-vns mesmes veulent que *Homere* [a] en ait fait mention en parlant des champs Elysées, que Plutarque dit [b] estre deux Isles en la mer Atlantique, dont il louë la bonté & felicité du terroir, & l'amenité de l'air telle, que cela donna sujet à Sertorius de s'y vouloir retirer, pour passer doucement le reste de sa vie, de mesme que nostre Ronsard conuioit les beaux esprits du temps ses amis à vn si agreable sejour qu'il descrit si bien [c].

Et de faict, tous les anciens ont mis ces isles bien-heureuses, le sejour des ames des gens de bien, au delà de l'Ocean Occidental, ou les Esseens mesme colloquoient leur Paradis, comme Iosephe rapporte, en vn païs de tres-douce & agreable temperature, où il n'y a ny pluyes, ny neges, ny chaud, ny froid, mais où vn doux Zephyre souffle gra-

a Odyss. 4. Strabon l. 1. & 3.

b En la vie de Sertorius.

c En ses Poemes. l. 2. de la guerre des Iuifs c. 12.

tieusement de la mer.

Depuis elles ont esté celebrées par tous les Geographes Grecs & Latins [a], mais apres elles demeurerent tellement incognuës, qu'il n'en fut plus de memoire par deçà, iusques à ce premier voyage de nos François, ou bien peu de temps auparauant. Si ce n'est que l'on vueille rapporter à cela, ce qui se lit en nos Legendes [b] d'vn S. *Maclou* ou S. *Malo* Escossois ou Irlandois, qui florissoit en France du temps de Clotaire I. enuiron l'an 560.

Car ils disent que ce bon Religieux ayant ouy parler de quelques isles qu'on estimoit estre le Paradis Terrestre, pour la douce & heureuse vie de ses habitans, desireux de ce sejour Angelique, & de planter la foy en ces cartiers-là, il s'embarqua auec S. *Brandaon* son maistre, & autres de son pays, & ayant demeuré sur mer l'espace de sept ans auec maintes fortunes, qu'en fin il surgit en vne isle nommée *Ima* qu'il iugea pour sa beauté estre vne de ces isles bien heureuses; Que là il resuscita & baptisa le Geant Mildun, & fit autres conuersions & miracles en ces isles, où depuis il a esté re-

[a] *Strabo, Mela, Pline, Solin, Ptolomée.*

S. Malo.

[b] *Surius. 15. Nou. em Bibliotheca Floriac. Gonzaga en la Chronique de S. François.*

v. p. 235.

Ima isle.

cogneu pour patron, puis reuint par deçà en Bretagne où il fut fait Eueſque. Mais tout cela eſt aſſez douteux, & s'il eſt vray de ceſte iſle *Ima*, elle ſemble deuoir eſtre pluſtoſt en nos mers du North de deçà, qu'ailleurs. Si bien que ces iſles fortunées ſont demeurées cachées iuſque enuiron l'an 1290. ou 1300. que les Geneuois courans à lors pour leur trafic toutes les mers du Leuant, furent les premiers qui ſe hazardans en cet Ocean en voulurent faire la deſcouuerte, mais ſans autre ſuccés pour lors. Leurs hiſtoires [a] remarquent ſeulemẽt que l'an 1291. vn *Thediſio Doria*, *Vgolino di Viualdo*, & autres, tenterent le premier voyage vers Ponent, auec deux galeres, menans auec eux deux Religieux de S. François, mais qu'eſtans ſortis du deſtroit de Gibraltar, ils prirent la route de ce coſté là, & depuis on n'en eut aucunes nouuelles. Peu apres enuiron l'an 1344. la memoire en fut renouuellée [b] par vn ieune Prince Caſtillan *Don Louys de la Cerde*, Comte de Clermont, petit fils de *Don Alonce de la Cerde*, ſurnommé le Desherité, pour ce que ſon pere *Fernand de la Cerde*, fils aiſné d'*Alphonce* le Sage

[a] *Auguſt. Iuſtin.*

Geneuois vers les Canaries.

[b] *Voy Valſingam, Petrarque l. de vita Solit. Garibai, Mariana, Surita.*

Roy de Castille, auoit esté priué de la succession de ceste Couronne-là, par la violence de son second frere Sanche 4. qui l'vsurpa sur son pere mesme, & sur luy, qui auoit espousé Blanche de France, fille du Roy sainct Louys, qui en faueur de ce mariage auoit quitté le droit d'aynesse de Blanche sa mere, à qui sa ieune sœur Berenguele auoit esté preferée contre tout droit & raison. Ce Don Louys donc, comme ieune Prince desireux d'honneur, sur le bruit que quelques Geneuois & Catalans auoient esté en ces isles, en voulut faire à bon escient l'entreprise pour les descouurir & conquerir. Et de faict, il en eut le don du Pape Clement VI. qui l'en courõna Roy à Auignon en grande pompe, à cõdition de faire prescher la foy parmy ces Idolatres; mais ce Prince, qui à cause de ceste entreprise fut surnommé *l'Infant de la Fortune*, s'apprestant auec armes pour cela, en fut empesché par les grandes guerres de France contre l'Anglois, où il fut employé au seruice de nos Roys, ausquels il appartenoit. Il y en a qui rapportent [a] que dés l'an 1334. il auoit auec la permissiõ de *Don Pietre* 4.

Louys de la Cerde Roy des Canaries.

[a] *Benzoni traité des Canaries.*

Roy d'Aragon, equipé deux vaisseaux, & esté attaquer la *Gomere*, mais qu'il en fut repoussé auec grande perte; & qu'en l'an 1393. les Espagnols firent de grandes pilleries en ceste isle; entr'autres les Biscains & Andalous coururent ces isles pour les butiner, & firent quelques prises à Lancerote [a]. Ce qui donna alors quelque enuie aux Roys d'Espagne de les conquerir: mais ayans d'autres affaires, ils mirent cette entreprise à nonchaloir. Tant est que ces isles demeurerent deslors plus cognuës des Espagnols; combien que l'on peut assez iuger qu'ils y hantoient & trafiquoient dés auparauant, tant par les noms de toutes ces isles que par beaucoup de conformité de la langue de ces insulaires auec l'Espagnole, comme cette histoire fait voir en plusieurs endroits [b].

[a] *Mariana lib. 16. c. 14.*

[b] *ch. 12. & c. 88.*

§. 7.

Iean de Bethencourt, & son entreprise.

MAIS la diuine prouidence en reseruoit la premiere conqueste, & l'entiere descouuerte & conuersion à nos François. Car enuiron l'an 1402. Messire Iean de Bethencourt, Gentil-homme Normand d'aupres Diepe, ennuyé, comme il est aisé à croire, des querelles & diuisions qui estoient lors en France entre les maisons d'Orleans & de Bourgongne, qui tant y causerent de maux, & furent la source des longues & cruelles guerres du depuis entre celles de France & d'Austriche : Il se resolut d'aller chercher ses aduentures en quelque lieu eslongné pour y viure auec plus de repos : Et sur ce qu'il auoit assez ouy renommer ces isles, fit dessein de les aller conquerir à ses propres cousts & despens, non pour desir de gagner & butiner, comme les autres auant luy, mais seulement pour la gloire de pouuoir reduire ces peuples-là à la cognoissance du vray Dieu, comme il fit heureusement, ainsi que ceste histoire nous apprend. Ce qui est confirmé par tous les autres Historiens Italiens, Espagnols, & François, encores que ce soit auec quelque difference des années & autres circonstances, comme nous ferons voir cy-apres ; mais tousiours s'accordent-ils en substance à ceste histoire, d'autant plus vraye, qu'elle est escrite du temps mesme, & par ceux [a] qui auoient accompagné ce Seigneur en toute ceste entreprise. Ce qui sert à rabatre d'autant la vanité des Portugais & Castillans, qui se van-

Pieux dessein de Bethencourt.

a en la preface.

rent d'estre les premiers descouureurs & conquesteurs de nouuelles terres, depuis prés de 200. ans ou enuiron : veu que nos François les ont precedé en cela, & leur ont rompu la glace & monstré le chemin qu'ils ont fort bien suiuy, & leur a plus heureusement & vtilement reüssi qu'à nous, pour y auoir apporté plus d'ordre, de patience, de resolution, & autres qualitez, dont auec raison ils s'auantagent sur nous. Car on peut voir en ceste histoire [a], comme les querelles & enuies qui suruindrent entre les nostres, furent cause de retarder ceste conqueste, & mesme de ne la rendre pas si grande qu'elle eust peu estre; la sagesse & douceur du Chef ne pouuant venir à bout, ny renger que difficilement à la raison les esprits hargneux & mutins de quelques vns des siens, qui exciterent mille troubles en ceste entreprise, & penserent perdre tout. Il est à croire que cela fut cause en partie que le Seigneur de Bethencourt ne pût faire dés le commencement plus grands progrez suiuant son pieux & genereux dessein; & que mesme il fut contraint d'aller mendier secours du Roy de Castille [b], & se

François premiers nauigateurs.

a Depuis le 8. c. iusqu'au 25.

b Au c. 26.

ſoumettre à luy en ſa conqueſte, comme au plus proche ; auſſi qu'alors la France eſtoit ſi broüillée, qu'elle auoit aſſez à faire à ſe maintenir au dedans, ſans ſonger au dehors. Ce n'eſt pas que les Eſpagnols ayent eſté plus auiſez au commencement de leurs nouuelles entrepriſes, teſmoing les mutineries contre Colon, & les guerres Ciuiles entre les Pizarres & Almagres au Perou, & entre Cortez & Naruaez au Mexique, qui les cuiderent ruiner tous. Mais ils deuindrent ſages de bonne heure à leurs deſpens, par la prudente conduite de leurs chefs. Ce qui n'arriue pas ſi aiſément entre nous, qui ne faiſons pas gueres profit de nos fautes, que nous laiſſons venir à tel comble, que tout remede apres y eſt inutile & meſme dangereux. Ce qui vient ordinairemẽt du peu d'ordre qui eſt parmy les noſtres, & que la plus part ſont plus touchez de leur particulier intereſt que de celuy du public, & de la gloire de la nation & de l'Empire François : qui eſt au contraire ce qui picque principalement les Eſpagnols, & qui leur a acquis ce tres grand eſtat qu'ils poſſedent auiourd'huy. A la verité noſtre

Mutinerie des Eſpag. aux Indes.

Gloire des Eſpagnols.

nostre nation seroit assez disciplinable, voire autant ou plus qu'autre qui soit, si elle estoit conduite & menée comme il faut, suiuant le tesmoignage mesme du feu Prince d'Aurenge, bon iuge de cela ; Et que ne feroit-elle auec les forces & commoditez qu'elle a, & qui manquent à la plus part des autres? Car on sçait assez que la nature a doüé la France d'vne excellente situation, tant pour son climat doux & temperé, que pour estre comme le centre & milieu de l'Europe ; pour auoir les deux mers comme ses deux bras à commandement, nombre d'hommes de courage & de seruice, abondance de tous viures, & commoditez necessaires pour faire equiper & fournir armees & flottes pour la guerre & le commerce. Ce qui seroit vn bon employ de ce qu'elle a de trop, & vn salutaire remede aux maux qui l'accablent, comme est la faineantise, la mendicité, les duels, les proces, le nombre excessif d'officiers de iustice & de finances, la multiplication non necessaire de gens qui estudient, & qui pourroient plus vtilement estre employez au trafic, peuplades, arts & agri-

France & ses commoditez.

Voyage & commerce à quoy necessaires.

culture, ainsi qu'il y a esté sagement pourueu en *Espagne* par la *Pragmatique* de l'an 1623 [a]. Et lors la marchandise & le labourage, qui sont les vrayes richesses & forces de l'Estat, seroient remises en l'honneur qui leur est deu, ainsi que desia il s'en est fait de tres-bons reglemẽs par les ordonnances de nos Roys, & sur tout par la derniere de 1628.

[a] *Voy le Nauarrete en son liure de la conseruaciõ de Monarquias en 1626.*

Pour tout cela on peut voir la remonstrance des Estats de Prouence, pour l'entretenement de quelque bon nombre de galeres en la mer de Leuant (où le grand Roy François & Henry deuxiesme son fils en tenoient iusqu'au nombre de 55.) & de la grande vtilité qui en prouiendroit, comme le touche fortement feu monsieur le Cardinal d'Ossat en ses lettres [b]. Aussi ce qu'en l'Assemblee des Notables de l'an 1626. remonstra tres-bien monsieur le Garde des Seaux Marillac, contre les nouuelles entreprises de nos alliez sur la mer de Ponent.

[b] *l. 2. ep. 81. 116. l. 7. 87.*

En fin donc il faut que les estrangers, veüillent ou non, nous cedent en ce point des premieres cõquestes de terres nouuelles. Car si bien ils peuuent auoir descouuert les premiers, la gloire d'auoir conquis emporte tousiours le dessus; puis que Christofle Colon, bien que instruit par ce pilote incognu qui auoit desia descouuert les Indes d'Occident, ne laissa pas de remporter à bon droit tout l'honneur de ceste entreprise. Ainsi peut on dire que *Bethencourt* & les François ont esté ceste estoille matiniere qui par son leuer a ouuert la porte à la lumiere du Soleil, par laquelle le monde en ces derniers iours a esté remply de la veuë & de la cognoissance de soy-mesme.

Il est donc bien certain que dés l'an 1402. nostre *Bethencourt* entreprit sa conqueste, qu'il acheua en cinq ou six ans; où les Portugais ne commencerent les leurs que quelques annees apres, & les Castillans bien plus tard encores. Car enuiron l'an 1402. *le Prince don Henry* troisiesme fils de Iean I. Roy de Portugal, ayant par l'estude la Cosmographie & Astronomie, apris qu'en l'estenduë du grand Ocean se pourroit trouuer passage pour descouurir païs incognus le long de la costé d'Afrique, & plus loin vers les Indes d'Orient, à §. 8.

Nauigation des Portugais, quand.

Don Henry.

l'exemple de nos François qui le recueillerent, il enuoya quelques vaisseaux par delà le Cap de Non, terme dernier des Nauigations precedentes, iusqu'au Cap de Bojador, se seruant pour cela des renommez pilotes *Antonioti Vsedenier* Genois, & *Louys Cadamoste* Venitien. Puis par *Iean Gonçalue* & *Tristan de Vaz* fit descouurir l'isle de Madere, qui receut lors son nom des grandes forests qu'ils y trouuerent; elle auoit esté jà recognuë par les Anglois dés l'an 1344. Et ainsi en suite toute la coste de Guinee par vn *Aluaro Fernandez*. Ce qui ouurit le chemin aux Roys de Portugal de poursuiure le reste. Car sous Iean 2. en 1493[a]. *Bartholomé Diaz* descouurit le premier le fameux Cap de Bonne-esperance, & l'ayant doublé arriua iusqu'en la coste de l'Ethiopie Orientale. Mais en l'an 1497. le grand *Vasque de Gama* doubla derechef ce promontoire, & passant plus outre paruint heureusement iusqu'en l'Inde Orientale: ce qui fut suiuy par les autres qui arriuerent en fin par ce nouueau sentier aux mers & costes d'Indie, iusqu'aux Moluques, Iapon, & Chine, au grand hon-

Cap de Non.

Madere descouuerte. p. 235.

Guinee.

a *Barros Decade 1. l. 3. c. 4. Maffee l. 1.*

Vasque de Gama.

neur & profit de la nation Portugaise, sous la sage conduite des Zoares, Almeides, Acugnes, Albuquerques, Menezez, Pacheques, & autres capitaines renommez qui en ont rapporté tant de gloire & de richesses en Europe. Mais nos François pourroient encores a iuste tiltre pretendre part en quelque sorte à la gloire de ces conquestes, puisque les Roys de Portugal sont yssus de la derniere race de nos Roys, comme il a esté heureusement trouué & tres-bien prouué de ce temps [a]. Mais sur cela est à considerer la grande prudẽce dont vserent ces Princes pour faciliter de si hautes & perilleuses entreprises. Car auant que de tenter le hazard de ces routes marines, ils enuoyerent par terre, par Alexandrie, le Caire, la mer rouge, Aden iusqu'en Ethiopie, pour en apprendre plus certaines nouuelles; & Iean 2. estãt meu à ces descouuertes des costes d'Ethiopie, Arabie & Indes par la lecture du liure de Marc Pole, depescha en 1486. deux Portugais qui sçauoient l'Arabic, l'vn nommé *Alphonce de Payua* sous couleur d'Ambassade vers le grand Roy des Abissins, l'autre *Pierre*

[a] *Voy le S. Godefroy au traicté de l'origine des Roys de Portugal.*

Voyages des Portugais par terre en Ethiopie.

de Couillan auec charge de descouurir ces costes-là : ils auoient esté tres-bien instruits sur la carte auant que de partir ; & s'embarquerent à Barcelone, de là par Naples & Sicile, à Rhodes, Alexandrie, & sous nom de marchans, à Tor, Suachen, & Ethiopie, où Alphonce s'arresta, & Pierre poursuiuit iusqu'aux Indes, par Ormus, à Cananor, Calicut ; Goa, & retourna vers Sofale, où il apprit que ceste coste se pouuoit nauiger sans fin vers le Ponent ; & de la par Zeila, Aden, le Tor vint au Caire : si bien que les Portugais furent par ce moyen rendus plus certains & asseurez en leurs entreprises de mer ; Et ce fut quant & quant vn moyen d'auoir plus de cognoissance de l'Empire du Prestrejan, si peu sceu iusqu'alors, & que depuis on a si heureusement continué. Car apres cela le Roy Emanuel y enuoya pour Ambassadeur vn *Edouard Galuan*, qui mena auec luy *François Aluarez* qui nous en laisse vne si bonne relation.

Prestrejan d'Ethiopie.

Aluarez.

§. 9. POVR les Castillans, ils ne commencerent leurs voyages & descouuertes qu'en l'an 1492. sous la conduite & ad-

Voyages des Castillans.

dresse du grand Colon, qui aux frais des Roys Ferdinand & Isabelle, ayant passé les Canaries, descouurit le premier les Isles parauant incognuës des *Antilles, Lucayes, Cuba, Haiti, Iamaique*, & autres; puis la grand continente & terreferme d'*Amerique* vers *Paria, Cubaga, Cumana, Veragua, Hondura*, & autres lieux en quatre voyages qu'il y fit iusques en l'an 1502. Il auoit esté excité & instruit par vn pilote incognu, mais les Espagnols le nomment [a] *Alonso Sanchez de Huelua*, bien que d'autres le facent d'autre nation. Ce pilote traficant de sucres & de conserues és Canaries & Madere fut dés l'an 1484. ietté par tempeste de 29. iours durant en vne isle incognuë, qu'on croit auoir esté celle qui depuis fut appellee *Sandomingue*, & de 17. des siens n'en resta que cinq auec luy, qui arriuerent à la *Tercere*, autres disent à Madere, où Colon demeuroit, s'addonnant à faire des cartes marines. Ce pilote mourut chez luy, auquel il laissa tous ses memoires & instructions, dont l'autre se seruit bien: Aussi qu'il fut instruit par Martin de Boheme grãd Geographe Portugais, & conferant à

Colon.

[a] *Garcilasso de la Vega en l'hist. de los Incas.*

cela le rapport de ce pilote incognu, fit diuerses considerations la dessus qui luy firent inferer qu'auant ce temps là on auoit descouuert quelques terres qu'on prenoit pour des isles, & qui sans doute estoient terre ferme vers Nordouest, dont il prit asseurance que tout ce qui regardoit l'Oest d'Europe & d'Afrique n'estoit pas mer, se souuenant aussi de l'Atlantique de Platon & des predictions du poëte Seneque [a], mais se fondant principalement sur la nature des marees, des vens & autres coniectures, il forma son dessein, & s'addressa premierement à Iean 2. Roy de Portugal, qui ne voulant ou ne pouuant tout à la fois embrasser l'Orient auec l'Occidét, le rebuta. Sur ce refus il enuoya son frere Barthelemy Colon vers Henry 7. Roy d'Angleterre, mais ce Barthelemy ayant esté de fortune pris sur mer par des pirates, cet accident l'empescha de voir ce Prince que long temps apres, si bien que pendant cela Christofle fit son fait auec le Roy de Castille, auant que son frere peut entrer en capitulation auec l'Anglois, la prouidence reseruant ceste bonne fortune

Metell. Praefat. ad Osorius, p. 21. 2.

[a] En la tragedie de Medee.

Voy Bacon en la vie de Henry 7.

pour l'Espagne : Ainsi pour dix-sept mil escus que cousta à Ferdinand l'equipage de ceste premiere flote, il y gaigna en peu d'annees plus de soixante millions d'or, & depuis ses successeurs plusieurs centaines de millions. Car ils disent a que depuis l'an 1519. iusqu'en 1617. les registres de Seuille portent qu'il est arriué des Indes d'Occident en Espagne 1536. millions d'or : somme prodigieuse & presque incroyable, mais qui n'a causé que trop de sensibles effets en toute nostre Europe. A l'exemple de Colon, *Americ Vespuse* grand pilote Florentin, cherchât en 1497. pour le Roy de Portugal Emanuel, le passage des Moluques au delà de l'Equinoctial, toucha ceste terre d'Amerique, à laquelle il donna son nom, & fut à Paria & au Bresil, iusqu'au fleuue d'Argent, sans passer outre. Il y fit quelques autres voyages depuis où il descouurit dauantage. Quant à Colon il fut bien-tost suiuy par *Vincent & Arias Pinçons*, *Oreillane*, *Magellan*, *Cortez*, les *Pizarres*, *Almagres*, *Niquesa*, *Valuoa*, *Solis*, *Poncedeleon*, *Vasquez*, *Garaye Nuñes*, & autres qui acheuerent de descouurir

a *Nauarrete c. 21.*

Americ Vespuse en 1497.

Amerique.

tout le reste de l'Amerique Australe & Septentrionale, où les Espagnols vont encores tous les iours estendans & continuans leurs conquestes & domination. *Fernand Cortes* descouurit & conquit le Mexique ou nouuelle Espagne en 1519. les Pizarres le Perou en 1526. & ainsi des autres, comme l'on peut voir en leur histoires [a].

[a] *Ouiedo, Gomara, Martyr, Benzoni, Herrera, &c.*

Ces deux peuples Portugais & Castillans, poussez principalement de mesmes passions de gain & de domination, mais par bien differens moyens, paruindrent à leur dessein. Ceux là par la douceur du trafic, par acortise & conuersation familiere auec des peuples assez ciuilisez & policez. Ceux-cy par violence, & si rude procedure enuers de pauures barbares, simples & naturels, qu'au rapport des Espagnols mesmes [b], ils ont presque deserté ceste quatriesme partie du monde; bien au contraire de nostre Bethencourt, qui poussé d'vn zele tres-ardent à la conuersion de ces pauures idolatres Canarians, les attiroit à la foy par toutes sortes de moyens doux & industrieux, sans faire des solitudes, ains multipliant tant qu'il pou-

[b] *Barth. de las Casas, Martyr, Benzoni, Metellus.*

uoit les habitations par nouuelles colonies Chreſtiennes [a].

a Voy c. 46. à 52. 58. 71. 82. 85. 86. 87.

§. 10.

QVANT aux Anglois, Hollandois, Danois & autres Septentrionnaux, ils ont eſté des derniers à ces voyages loingtains. Car bien que ces premiers mettent en auant les deſcouuertes & conqueſtes de leur Roy Artus en l'an 517.[b] par toutes les iſles & terre-ferme du Septentrion iuſqu'en Ruſſie, ſi eſt-ce que cela tient trop des contes de la table ronde; comme auſſi n'eſt gueres plus certain ce qu'ils rapportent [c] qu'en l'an 883. vn *Sighelme* Eueſque de *Sirburne* enuoyé à Rome par le Roy *Alfred* penetra iuſqu'aux Indes de S. Thomas, d'où il raporta des pierreries, eſpiceries, odeurs, & autres ſingularitez. Ils diſent auſſi [d] que dés l'an 1360. vn Cordelier Anglois nommé *Nicolas de Linna* grand Mathematicien nauigea iuſques vers le dernier Septentrion, où il deſcouurit ſous le Pole quatre grands Euripes ou gouffres d'eau qui emportoient dans leurs abiſmes les vaiſſeaux auec tant de violence, que l'effort contraire des vens, & toute l'induſtrie humaine ne les en pouuoit guarantir; Ce qui peut-eſtre a donné ſu-

Nauigations Angloiſes.

b Galfrid. Monum.

c Gulielm. Malmeſbur. l. 2.

d Hakluit l. 3.

Euripides ſous le Pole.

jet aux contes fabuleux des montaignes d'aymant sous le Pole, qui attirent les vaisseaux où il y a du fer, bien que Ptolomee mesme raporte [a] quelque chose de semblable és isles *Manioles* proches de celles des Satyres en la mer Indique; mais tout cela est aussi suspect, encores que le grand Geographe Mercator le rapporte d'vn *Iaques Knoyen* de Bosleduc, & que Postel mesme & autres l'ayent marqué dans leurs Mappes vniuerselles. Mais on remarque que ce qu'en a dit ce *Knoyen* auoit esté tiré des contes faits autrefois par vn Prestre au Roy de Noruege l'an 1364. Car les Holandois qui ont nauigé assez auant en ces cartiers là en l'an 1594. 5. & 6. & descouuert depuis le 76. degré iusqu'à l'octante & trois, n'ont rien trouué de cela; ains seulement vne grand' mer, auec quelques terres, isles, bayes & rochers couuerts de neige & de glaces: De sorte que ne voyans là que des montagnes aiguës, ils donnerent à ce pays le nom de *Spitzberg* & *Nieuland*, que les Anglois appellent *Greneland*. Car pour l'ancienne *Gronelande* plusieurs tiennent qu'auiourd'huy la route & la

Spitzberg.

Groneland perdue.

[a] lib. 7. Geogr. c. 2.

rencontre s'en sont perduës. Mais les grands voyages des Anglois tant au North, qu'à l'Orient & Midy, n'ont commencé qu'enuiron l'an 1550. Il est vray que dés l'an 1496. & 97. le grand Pilote & Cosmographe *Sebastien Gauoto* ou *Caboto* Venitien descouurit vers le Nord pour Henry 7. mais cela n'eut pas grand succez. Car ce Roy piqué de ce que l'entreprise de Colon ne luy estoit escheuë, par la fortune que nous auons dit, il donna diuerses commissiós en diuers temps pour descouuertes incognuës. Entr'autres ce Gauot demeurant à *Bristo* fit entendre à ce Prince, qu'auec son assistance il esperoit trouuer des terres fournies de toutes richesses & commoditez ; & ayant obtenu vn vaisseau bien equipé d'hommes & de viures, auec trois autres petits, appartenans à des Marchands de Londres, se mirent à l'auenture. Ils estoient chargez de marchandises grossieres & de peu de valeur, propres pour Barbares. Auec cela il fit voile bien auant vers l'Oest vn quart du Nord en la partie Septentrionale de *Labrador*, iusqu'à venir à 67. $\frac{1}{2}$. trouuant tousiours la mer

Voyages Anglois au North.

Seb. Gauot.

ouuerte. Il fit vne carte de son voyage, dont il ne reüssit autre chose pour lors. Ce fut sous ce mesme Prince & par son commandement, & à ses frais

Hunfrey Gilbert.

qu'vn *Hunfrey Gilbert* fit quelques voyages par terre aux Indes & Cathay, dont il dressa des memoires [a]. Son fils Henry 8. auoit aussi dessein, s'il n'eust esté preuenu de mort, de faire descouurir tout l'interieur de la grande Asie iusqu'aux dernieres fins de l'Orient, par la faueur du grand Seigneur & du Roy de Perse, comme le tesmoigne *Goropius* Becanus [b], qui auoit esté choisi & retenu par luy pour ceste entreprise ; ainsi que nostre grand Roy François auoit jà depesché en Leuant pour le mesme sujet *Guillaume Postel*, qui en rapporta la cognoissance de tant de langues, liures & sciences qu'il en fut comme vn prodige de son temps, & se vantoit de pouuoir aller par terre iusqu'à la Chine sans auoir besoin d'interprete.

Postel.

a *Vossius de histor. lat. l. 3. c 13.*

b *lib. 5. Originum.*

Depuis en 1553. vn autre Seb. Gauot expert Pilote, fils ou petit fils de ce premier, estãt aux gages du Roy Edouard 6. luy persuada le voyage vers le Nord, en esperance de penetrer par ce chemin plus court iusqu'au Cathay. Trois vaisseaux luy furent baillez sous la charge du Cheualier *Hugues Villougby* a; mais ils furent escartez par la force du vent au dessus de Noruege, & depuis ne se peurent plus rassembler. L'vn de ces nauires retourna en arriere par l'apprehension des dangers: l'autre où estoit Villougby fut porté en vne terre deserte & inconuë sous la hauteur de 74. & là ayant esté contrainct d'hyuerner, en fin luy & les siens y perirent tous de froid. Ceux qui depuis y furent, trouuerent encor son vaisseau, & dans vn cofret ses memoires & iournaux, auec son testament. Le troisiesme vaisseau, conduit par vn *Richard Chancelier*, apres auoir couru vn grand espace de mer, & plusieurs fortunes & trauerses, alla aborder heureusement en Russie & Moscouie par *Nieunox, la Duine*, & *Vologda*, iusqu'à *Moscua*, & en retourna sain & sauf en Angleterre. Depuis il y fit vn second voyage en 1557. du tẽps de la Reyne Marie, & en ramenoit auec luy vn *Osep Napea* Ambassadeur du grand Duc de Moscouie *Basile*, pour

Villougby & son voyage.

a Voy la vie d'Edouard 6.

Richard Chancelier.

Ambassadeur de Moscouie en Angleterre.

faire amitié & perpetuelle alliance auec l'Angleterre; mais ils firent naufrage és costes d'Escosse, où se perdirent les riches presens & marchandises qu'ils portoient, & y perit le grand Pilote Chancelier qui auoit ouuert ce chemin là : l'Ambassadeur ne laissa d'acheuer son voyage & sa legation, ayant esté magnifiquement receu à Londres, puis renuoyé auec presens. Ainsi fut lors monstré aux Anglois le chemin pour le trafic de Moscouie, qu'ils ont fort bien continué depuis, en suiuant la mesme route que leur monstra premierement ce Seb. Gauot, qui par sa relation [a] monstre qu'ils costoyerent la *Noruay* ou Noruege, puis à *Coutenesse* à 63. de la à *Caninoz* 68. à *Zsuatoynoz* 69. & à 70. vers *Noua Zembla* où est la plus haute montagne du monde, voire plus que le *Camenbolschoy* de *Petzora*, & de là au fleuue *Oby*, és isles de *Vaygats*, *Colmogro*, goulfe *S. Nicolas*, & autres lieux. Apres cela il y eut vn *Bourrou* & *Peet* qui furent vers *Lapie*, *Noua Zembla*, *Colgoyeue* & *Vaygats* iusqu'à Oby. Depuis ils ont continué de penetrer par terre la Russie, puis par Caspie, la Perse,

[a] *Dans le Ramusius 3. vol.*

Voyage de Gauot.

Bourrou. Ob. fl.

ſe, Boghar, Mogor, Tartarie; Et meſmes ont donné plus auant dans le North incognu ſoubs *Forbisher*, *Dauis*, *Vueymouth* & *Hudſon*, cherchans par quelque deſtroit nouueau le plus court paſſage pour le *Cathay*, mais les glaces & froidures les en ont touſiours empeſchez. Car l'an 1577. *Martin Forbisher* auec deux vaiſſeaux alla deſcouurir le Septentrion vers Occident au deſſus des *Orcades*, Friſland, Iſle de la Reyne, qu'on eſtime iointe à l'Amerique, & vne autre iſle eſtroite qu'on penſe tenir d'autrepart à l'Aſie, y ayant vn deſtroit entre-deux qui fut nommé de *Forbisher* a 62. d. Il y trouua quelques ſauuages idolatres, & ne peut paſſer outre pour le froid. Il fut en vn troiſieſme voyage iuſqu'à vn endroit fort renommé qu'ils appellent *Meta incognita*, qui leur eſt vn plus outre defendu iuſqu'icy. Puis en 1585. 6. & 7. *Ian Dauis* y fit trois voyages où il deſcouurit ſon nouueau deſtroit *Dauis* pres le cercle Arctique. En ſuite en 1602. *Georges Vueymouth* fut à la hauteur de 61. d. par vn goulfe dit *Lumlez Inlet*, & tourna de l'Occident au Midy, mais les terres l'empeſ-

Paſſage au Cathay.

Forbisher.

Meta incognita.

Dauis.

Vueymouth.

peſchans de paſſer outre, il fut contraint de retourner, paſſant d'autres goulfes où il y auoit grand flus & reflus entre ceſte terre & celle de *Bacallao*. Henry Hudſon apres en trois voyages en 1607. 8. & 9. voulut encores ſe mettre en queſte de ce chemin tant deſiré, & bien que le docte Geographe *Plancius* ait aſſeuré par bonnes raiſons & obſeruations, que c'eſtoit là toute continente ſans aucun paſſage, il ne laiſſa toutefois de tenter encores le gué, & paſſant par le deſtroit *Dauis* au 61. d. & ſuiuant la route de *Vueymouth*, a 63. & de là au Midy a 54. puis en Occident a 60. trouua vne grand mer qu'il iugea n'eſtre pas eſloignee du *Mexique*. Il fut iuſqu'à 80. & 81. au North, où il trouua vne ferme coſte de glaces: mais voulant deſcouurir plus outre, il fut abandonné par ſes compagnons qui s'en retournerẽt, & luy laiſſé dans vne barque on n'en a eu nouuelles depuis. Il trouua le deſtroit *Hudſon* a 63. au deſſus du païs qu'ils ont appellé nouuelle Bretagne, qui eſt au North de Canada & de la grand riuiere. En ces dernieres années de 1623. & 1624. ils ont enco-

Hudſon.

Nouuelle Bretagne.

Voyages des Anglois

res tenté le passage du Nord sous vn *Thomas Edgey* & *Guillaume Basin*, & ont penetré iusques par delà le 80. degré, où ils ont trouué quelques isles nouuelles, dont ils en ont nõmé vne de Bonne-esperãce, mais tout cela sans autre meilleur succes. Ils ont esté plus heureux vers les Indes Occidentales sous les fameux chefs *Drac* & *Candisch*, qui à l'exemple de *Magellan* & de ses compagnons, ont fait en 1577. & 1585. tout le circuit du monde. Le Milord *Ralleg* fit la descouuerte de la *Guiane* & *Virginie* en 1585. & 1595. Drac aussi durant son grand voyage de trois ans trouua la nouuelle *Albion* en la partie Septentrionale de l'Amerique, & depuis fut trouuee la nouuelle *Escosse*. Somme que les Anglois ont eu de bons chefs & experimentez pilotes de temps en temps, comme les *Cabots*, *Villougby*, *Chancelier*, *Bourroug*, *Peet*, *Iekinson*, *Horsey*, *Haukins*, *Drac*, *Candisch*, *Ralleg*, *Forbisher*, *Midleton*, *Saris*, *Dauis*, *Veymouth*, *Hudson*, & plusieurs autres, dont les voyages se peuuent voir bien au long dans le grand Recueil des Nauigations Angloises, commencé par le docte & la-

aux Indes Occidentales.

Drac Candisch, Ralleg.

a En trois volumes.

b En cinq volumes.

borieux *Richard Hakluit* [a] qui a ſuiuy la piſte du Ramuſius,& continué par le curieux *Samuel Purchas* , [b] qui en l'an 1625. & 1626. a fait imprimer en langue Angloiſe vn extrait de toutes les Nauigations faites depuis le temps du deluge, dont on ait memoire iuſqu'auiourd'huy , auec diuerſes conſiderations & remarques naturelles, Theologiques, Morales , & Politiques là deſſus. Ces deux ont inſeré dans leurs Recueils les voyages de toutes les autres nations de l'Europe auſſi bien que de la leur. Tous ces voyages des Anglois depuis 70. ans ou enuiron, sõt d'autant plus remarquables , qu'ils ont non ſeulemẽt couru par mer toutes les iſles & coſtes de l'Inde Oriẽtale,& Occidẽtale,de l'Afrique & du North plus eſloigné, mais encores ont penetré par voyages de terre bien auãt dans la Moſcouie,Perſe, Mogor, Tartarie, Chine; puis en Ethiopie , Marroc, & autres lieux , & en fin en la Guiane, Virginie, nouuelles Albion, Angleterre & Eſcoſſe, comme font foy les relations qui s'en voyent en leurs liures. Ce qu'ils ont executé auec autant plus de facilité,

Vtilité des voyages Anglois.

qu'outre les terres nouuelles par eux descouuertes & conquises : ils tiennent encores des Ambassadeurs, Agens & facteurs dans les principaux Estats du monde, comme vers le Turc, le Sophy, le Moscouite, le Tartare, le Mogol, & les Roys de la Chine, Iappon, Golconde, Abissins, Fez, &c. par le moyen dequoy ils peuuent auoir certaines nouuelles de beaucoup de choses incognuës aux autres qui ne voyent gueres que les costes sans penetrer plus auant. Quoy que c'en soit, ils ont si bien fait par leur industrie qu'auiourd'huy ils ont six ou sept societez ou compagnies diuerses de trafic, qui les enrichissent merueilleusement; leur principal trafic de chez eux est en plomb, estain, & draps; & voyans que le transport de leurs laines n'estoit plus tel en France, Espagne & Italie qu'autrefois, tant pour le frequent vsage des soyes, que pour y auoir auiourd'huy en Espagne de fort fines laines & en abondance, depuis que Philippe 2. à la faueur de son mariage auec Marie Reyne d'Angleterre, fit passer en Castille dix mil moutons du païs, ils chercherent nouueaux païs

Compagnies Angloises pour le trafic. *Voy Camden en la vie d'Elizabet.*

au Septentrion pour le debit de leurs marchandises, & ouurirent ainsi le passage en Russie, Tartarie & Indes; & où ils auoient accoustumé d'aller en Moscouie par la mer Baltique & les Narues, depuis, tant pour les guerres de Suede, qu'à l'occasion des grandes daces qu'il falloit payer au destroit du *Zont*, ils trouuerent ce nouueau pas que nous auons dit, au dessus de Noruege, Lapie, Zembla & Vaygats; & de Moscouie ils passent par terre iusqu'au Volga, Astracan, Perse, Boghar, & ailleurs.

Trafic de Russie.

Zont destroit.

Pour s'asseurer en tous ces commerces ils ont fait des amitiez & cõfederations auec la plus part des Princes susdits, dont y a lettres de part & d'autre, comme il se void bien particulierement dans Hakluit & Purchas, comme en 1608. le Roy Iacques auoit enuoyé vn *Guillaume Hauquins* en Ambassade vers le grand *Mogol Mahomet Ekebar*, puis en 1615. y enuoya *Thomas Roo*, auec lettres addressees à son Fils le grand Empereur de *Mogol Selin*, *Seigneur de l'Inde Orientale*, *Roy de Candabar, Corazan, &c.* pour procurer alliance & commerce en ses païs, & ce Roy luy fit responce auec ces tiltres, *Scha Selin grand Mogol, Monarque des Indes, Seigneur & Roy de tout l'Orient, à Iacques Roy descendu legitimement de Roys ses progeniteurs, magnanime Heros, orné de vertu & iustice, le plus dignes des Roys, & defenseur de la Foy que le grãd Prophete Iesus Christ a enseignee.* Là il luy tesmoigne toute amitié & bien-vueillance, auec promesse de faueur & protection enuers les Anglois traficans en ses païs. Puis y a vne lettre du Roy de *Sumatra* à celuy d'Angleterre, qu'il ne sera hors de propos d'inserer icy tout du long, pour recognoistre le style de ces Orientaux.

LETTRE DV ROY DE SVMATRA, AV ROY D'ANGLETERRE.

De Purchas 5. vol.

PEDVKA Sirié Sultan, Roy des Roys, renommé pour ses guerres, vn seul Roy de Sumatra, vn Roy plus fameux que ses deuanciers, craint dans son Royaume, & honoré de toutes les nations, auquel est la vraye image d'vn Roy, & auquel regne la vraye maniere du gouuernement, formé par maniere de dire, du plus pur metail, & orné des plus fines couleurs ; duquel le siege est haut, & le plus accomply, ressemblant à vne riuiere de crystal, & plus clair que la glace & le verre ; de qui decoule la pure source de bonté & iustice, de qui la presence est comme l'or le plus fin. Roy de Priaman & des montagnes de l'or, Seigneur de neuf sortes de pierres, & des deux * ouurages d'or batu, ayant pour ses sieges des masses d'or : l'equipage de ses cheuaux & armes estant pareillement d'or pur, son Elephant à dents d'or, & toutes les prouisions & appartenances ; les lances moitié d'or moitié d'argent ; sa selle pour vn autre Elephant de mesme, vne tente d'argent, & tous ses cachets & seaux moitié d'or & moitié d'argent : les vaisseaux à se bagner de pur or, son sepulchre d'or, au lieu que ses deuanciers eurent tout cela moitié d'or & moitié d'argent seulement ; son seruice complet d'or & d'argent. Roy sous lequel y a plusieurs Roys ; ayant pris le Roy d'Arrouu, & toutes les contrees de Priaman, Tecoo, Barouse, estans assujetties par luy, & a à cét heure sous son commandemēt septante Elephans, auec force prouisiōs, porté par mer pour faire ses guerres, à qui Dieu

* Sombrieroes, c chapeaux ou parasols.

a donné plus de victoires qu'à aucun de mes predecesseurs.

Ce grand Roy enuoye ceste lettre de salutation à Iaques Roy de la Grand Bretagne, d'Angleterre, Escosse, Irlande &c. pour signifier le grand contentement qu'il a receu par la lettre de son Altesse deliuree par les mains de Arancaia Pulo, Thomas Beest, Ambassadeur de sa Majesté; à la reception de laquelle ses yeux estoient espris d'vne celeste splendeur, & ses esprits rauis d'vne ioye diuine; L'ouuerture desquelles rendoit vne senteur plus odorante que les fleurs plus odoriferantes, ou les plus doux parfums du monde. Pour l'amour dequoy, moy le grand Roy de Sumatra, declare d'estre d'vn mesme cœur, d'vn mesme pensement, d'vne mesme chair auec le tres-puissant Prince Iaques Roy d'Angleterre, & desire serieusement que sa confederation commencee puisse estre continuee à toute la posterité. Et en cela ie prends vn tres grand contentement, n'y ayant chose au monde qui me soit plus plaisante & ioyeuse. Et pour tesmoignage de mon desir, afin que sa confederation & amitié continuë à tousiours entre nous: I'ay rescrit ceste lettre à V. M. faisant aus-

si mes prieres au grand Dieu pour la continuation de la mesme : Et ce me sera vn tres-grand honneur de receuoir memoire d'vn si grand Prince & si esloigné de païs; Pour plege de mon amour & honneur, & continuation de nostre alliance, i'enuoye à V. M. cét ouurage d'or battu, vn anneau, vne azagaye, vne coupe d'or, huict pourcelaines, des tables petites & grandes de camphre &c. Ce que V. M. receura comme d'vn frere, & i'en demeureray fort satisfait & honoré : Et ainsi i'adresse mes prieres au grand Dieu Createur du Ciel & de la terre, pour la longue vie de V. M. auec victoire sur vos ennemis, & prosperité en vostre pays. Donné en nostre Palais d'Achen l'an 1022. de Mahomet, selon le conte des Mores.*

* 1612.

§. II. A L'IMITATION des Anglois, & pour le mesme dessein de Cathay, les Holandois se sont aussi mis en auant, & ont esté descouurir vers le Nord par delà le destroit de *Vuaygats* ou de *Nassau*, vers les costes de Russie & Tartarie, par la mer Blanche, cherchans le destroit d'Anian, & plus haut encor que Noua Zembla à *Niculand* & *Spitz-*

Voyages des Hollandois en 1594.

berg iuſques par delà les 80. degrez, és annees 1594. 5. & 6. ſous la conduite des experts Pilotes & chefs, *Barentſon*, *Rip*, & de l'Amiral *Heemskerk*. Mais ils y ont trouué les meſmes obſtacles de glaces & froidures exceſſiues que les Anglois. Puis *Oliuier Vander North* en 1598. iuſqu'en 1601. à l'exemple de Magellan, Drac & Candiſch, & quaſi ſur leurs meſmes briſees, fit le circuit de la terre & mer par le deſtroit de Magellan. En ce meſme temps ils entreprirent leurs grandes nauigations plus ayſees & profitables en Orient, où ils ont eſtably vn tres-bon commerce, dont le ſiege de la Societé eſt à Amſterdam, où durant meſme qu'Anuers eſtoit en ſa plus grande vogue, y auoit vn grand trafic pour les pays bas, France, Eſpagne, Angleterre, Allemagne, Pologne, Liuonie, Dānemarc, és ports de Danſik, Riga, Reualia, & Narues; Et meſmes s'eſtendoient iuſqu'en Italie & au Leuant, Alexandrie & Barbarie. Mais depuis que Anuers vint à dechoir, les marchans de la *Hanſe* & de tout le reſte de l'Europe s'y ſont arreſtez; Ce qui leur a apporté de gran-

Oliuier de North.

Societé d'Amſterdam.

des richesses, mais principalement de-
J. 181.
puis que l'an 1594. & 95. ils se sont ouuert le pas par les armes aux Indes d'Orient & au Septentrion; Ce qui leur arriua par occasion. Car quelque guerre qu'il y eust entre-eux & les Espagnols, ils ne laissoient par leur conniuence ou autrement de trafiquer en Espagne. Mais le Roy Philippe 2. estant conseillé de les en empescher pour en venir plus aysément à bout, il commença à le leur defendre du tout par rigoureux

Edits en Espagne contre les Hollãdois.

Edicts, iusques à en faire mettre en galere tant qu'on en pouuoit attraper, & confiscant leurs marchandises & vaisseaux. Ceste rigueur les resueilla, & leur fit penser aux moyens d'entreprendre eux-mesmes le voyage des Indes; Surquoy se presenta l'occasion de deux pilotes Portugais qui auoient fait souuent ce chemin, & qui ayans esté pris par les Anglois, & negligez d'estre racheptez par les leurs, le furent en fin par les Hollandois, ausquels ils donnerent l'instruction & l'addresse pour ces voyages. Ils equiperent donc deux

Flottes d'Oriẽt & au Nord.

flottes, l'vne pour l'Orient, l'autre pour le Nord en 1595. aux despens de la nouuelle Societé d'Amſterdã. Celle là auec quatre vaiſſeaux alla doubler le Cap de Bonne-eſperance, delà par *S. Laurens* à *Sumatre*, *Iaues*, *Banda* &c. où nonobſtant les trauerſes des Portugais ils traicterẽt alliance auec les Roys du païs, & retournerent chargez d'eſpiceries & autres marchandiſes; Et l'an 1598. y en enuoyerent dauantage, & depuis ont aſſez bien continué ce chemin touſiours plus auant. Ceſte Nauigation leur eſt demeurée libre, nonobſtant la trefue auec le Roy d'Eſpagne, où il ne fut rien excepté pour ces voyages, que depuis ils ont auſſi hardiment tourné vers Occident par les deſtroits de Magellan & du Maire trouué par eux: Si bien que Oliuier de Nord entreprit en 1599. (comme auoit deſia faict en 1598. vn Iaques Machu) de faire le tour du monde par la mer Pacifique, les Indes d'Orient & l'Afrique, dont il remporta plus de gloire & de reputation que de guain. Ce qui fut depuis non moins heureuſement imité par les Capitaines, le *Maire*, & *Spilberg*, de 1615. iuſqu'en 1617. Et de freſche memoire par *Iaques l'Hermite*, *Pieter*

Voyage en Occident.

Circonnauigateurs du monde.

l'Hermite. *Heins* & autres. Iaques l'Hermite partit de Holande en 1623. auec neuf vaisseaux, de là costoyant l'Afrique vers l'isle *S. Vincent, Serrelyonne, S. Anthoine*, *San Thome, Anabon*, la terre Australe ou *Del Fuego*, de là par le destroit en la mer Pacifique, és costes de *Chilj*, du *Perou, Lima*, où l'Hermite mourut de maladie en 1624. & luy fut substitué pour Admiral vn *Hugues Schappenham*, qui continua sa route vers la nouuelle Espagne, & *Aquapulco*; Et apres y auoir fait plusieurs prises, reprit le chemin vers Orient par l'isle des *Larrons, Gilolo, Moluques, Amboin*, & de là par le Cap de Bonne-esperance à *Texel* en 1625.

Pieter Heins. Pieter Heins partit depuis pour l'Occident, où il fit la memorable prise de la flotte de la nouuelle Espagne vers le Cap de *Matanças* en l'isle de Cuba, non loing de la Hauane en 1628. & depuis en 1629. est mort en qualité d'Admiral combattãt & victorieux de quelques vaisseaux Doncquerquois. La flotte du Nord ne fut pas si heureuse, bien que plus hardie de tenter ce chemin si perilleux du Cathay, qui par raisons

Flottes du Nord pour le Cathay.

Geographiques deuoit estre plus court d'vn tiers que l'autre par la mer Atlantique; tellement que le pilote *Guillaume Barentzon* en 1594. fut au dessus de *Lappie* & *Noua Zembla* iusqu'au 77. & 78. mais l'extreme froid, & les glaces le forcerent de retourner. L'an suiuant *Barentzon* & *Heemskerk* reprirent la mesme route, passans le destroit de *Vuaygats* à grand peine, à cause des glaces au mois d'Aoust, & costoyans la terre vers *Samuetenland*. On leur donna à entendre que de là on pourroit aller vers Tartarie & l'emboucheure du fleuue *Oby* (estimé le *Carambice* des anciens) puis que doublant ses promontoires *Scythique* & *Tabin* des anciens, le chemin seroit ouuert par là au Cathay tant cherché; mais les mesmes difficultez les firent reuenir sans autre exploit. Nonobstant quoy Barantzon en l'an 1596. ne laissa de reprendre ses premieres erres, & ayant passé iusques à *Nouazembla* & en *l'isle d'Aurange*, fut contraint d'hyuerner à 77. degrez, durant la longue nuit de quelques mois entiers. Ce fut alors que leur arriua ceste grande merueille du cou-

Samuetenland.

Oby, Carambice.

Merueille du Soleil à 77 degrez.

cher plus tardif & du leuer plus prompt du Soleil que ne permetoient les raisons de la Sphere & les regles Astronomiques, en cette eleuation de 76. & 77. Car cet astre leur disparut du tout le 4. de Nouembre de 1596. qui le deuoit toutefois faire dés le premier du mois: Puis la grand' nuict de trois mois ou enuiron leur estant venuë, le Soleil derechef leur parut sur l'horison le 24. de Ianuier de 1597. ce qui par raison de ceste obliquité de Sphere, ne deuoit arriuer que le 8. ou 9. de Feurier, quatorze iours plus tard; de sorte que ce fut enuiron 17. iours de lumiere qu'ils gagnerent sur la naturelle position du Ciel en ce climat là, dequoy plusieurs doctes esprits se sont estudiez de rendre diuerses raisons; mais la plus vraysemblable & naturelle est celle de la refraction des rayons solaires dans l'espesseur de l'air de cette haute eleuation du Pole, selon l'opinion des plus grands Philosophes & Mathematiciens de ce temps[a]. Car de ce que dit *Scotto*, que les Hollandois se tromperent en la supputation des iours, & non que ce fust la semblance du Soleil, il n'y a pas apparence

a Stenin, Lasbergius Aleaume, Licetus, &c. Thua. Hist. l. 117.

rence que des hommes si experts à compter mesmes les heures & minutes sur mer, eussent manqué de tant de iours en leur compte. Ce qui monstre qu'il n'a pas bien cõpris la raison d'Optique qui est assez claire, puis que mesme il prend le *Parallaxe* pour cela, qui est bien autre chose, comme ailleurs il confond le solstice d'Esté auec le plus haut poinct de l'Eccentrique. Mais pour reuenir à Barentzon, se voyant pressé des mesmes incommoditez & des maladies, & furieux Ours blancs, il retourna en fin par la mer Blanche, *Cola* & *Lapie*, apres auoir souffert plus de mesaises que iamais n'eurent les fameux Argonautes, ny Vlysse & Aenee en leurs longues erreurs. Ce qui a fait penser à quelques-vns ce chemin du Nord estre du tout impossible; Les autres que non, en doublant le Cap de *Tabin*, & passant le pretendu destroit d'*Anian*; & que le plus seur seroit de tenir tousiours la haute mer vers le Pole sans approcher des terres de Moscouie & Tartarie tousiours glacees & plus froides que sous le Pole où le climat est plus doux, & où se trouuent des terres vertes & habitees.

Scotto en quoy s'est trompé.

Chemin du Nord si impossible.

Gronelãd. c. terre verte.

comme *Groneland*; Et de fait le *Scotto* monstre par assez bonnes raisons, qu'il y a moyen de passer outre par là, sans y estre empesché par les difficultez que trouuerẽt les Hollandois en costoyant les terres. Car en leur premier voyage de 1594. nauigeans à la hauteur de 77. & tenant leur brisee entre Leuant & Grec (le Scotto vse de ces noms de la Mediterranee) ils trouuerent l'isle d'Aurange vers la Tramontane de la nouuelle Zemble, auec tant de glaces, qu'ils furent forcez de retourner en Iuin, puis en 1595. ils descouurirent l'isle des Estats au destroit de Nassau, qui est vers le Midy de Zembla à 70. degrez: & là le mesme empeschement les fit reuenir en Aoust: mais au tiers voyage de 1596. nauigeans par Tramontane, ils trouuerent l'isle des Ours à 75. & Nieuland à 80. où ils virent de l'herbe verte & des animaux; auec declinaison de 16. degrez du compas; Et delà par Leuant retournerent vers Zembla à 76. en l'isle d'Aurange où il n'y auoit aucune verdure, ains vn tres-grand froid, & à 75. plus grand encor, & plus de glaces entre-deux terres en plein esté, où leur

Bereney-land.

Glaces du Nord d'où.

vaisseau demeura eschoüé. De sorte que par l'erreur de costoyer tousiours la terre, ils trouuerent tousiours les mesmes difficultez, la glace estant plus forte & frequente d'ordinaire proche de terre, qu'en pleine mer, d'autant que les eaux du riuage sont tousiours basses, & les fleuues y coulans en abondance, plus sujetes à se glacer : mais la mer esloignee de terre est plus profonde, partant plus chaude au fonds, vn contraire poussant l'autre, & ainsi là moins de froid ; outre que la grande agitation l'empesche de geler : Mais par terre ce ne sont que glaces y portees par les vens, comme dans vn sac, que les mariniers Leuantins appellent *Resaca*. Ainsi quand ils retournerent auec le Leuant, Grec & Midy, les glaces se retiroient vn peu de terre, & leur donnoient passage, mais le Ponent, Maestral & Tramontane les repoussoit en telle quantité vers terre, qu'ils ne pouuoient passer. Ce qui monstre ce passage par là impenetrable pour la froidure & les glaces agitees perpetuellement : Et puis l'inegalité des vens est tousiours plus grande proche de terre.

Resaca, c. rebatemét de flot le long du riuage.

Passage impenetrable.

De tout cela il infere que l'on euitera tous ces empeſchemens tenant la haute mer en courſe droicte & plus courte, vers le Pole où l'air eſt plus doux, moins vapoureux & humide, pour le peu de mouuement du Ciel en ces endroits là, pour la longue demeure du Soleil de ſix mois entiers, & les autres ſix de peu d'obſcurité, & de la lumiere lunaire la plus part du temps; meſmes il veut que le Soleil baiſſant ſa partie ſuperieure vers la terre, l'eſchauffe dauantage par vne vertu particuliere qu'il attribuë à ceſte partie là, & autres raiſons en ſuite pour monſtrer l'habitation ſous le Pole, ſelon l'opinion que les anciens ont eu des hyperbores [a], & des Euripes de Mercator & Poſtel. Mais à la difficulté de l'aiguille qui perd ſa fonction vers le Pole, demeurant immobile & attachee aux vitres du compas, comme les Hollandois en leur voyage de 1613. & 1614. iuſqu'à 83. ont remarqué que l'aiguille ne ſeruoit de rien là; Il n'y apporte pas vne aſſez bonne ſolution, pour dire que l'aiguille ne regarde l'eſtoille Polaire, & n'a point de Pole fixe; qui ſeroit vne queſtion de

Si l'air plus doux ſous le Pole.

[a] Pline l. 4 c. 12. Solin c. 21.

Aiguille & ſes Poles, où.

plus longue halaine, & la raison en est plus vray semblable à ce que nous en auős rapporté cy dessus du sieur Aleaume. Mais en fin le *Scotto* veut que le mouuement de l'aiguille aymantee ne vient que de l'esprit de ceste pierre qui tourne tousiours vers les parties originaires de la terre, qui luy sont naturelles & propres, qui est à peu pres l'opinion du Gilbert [a] qui met les Poles de ceste pierre en la terre mesme. Il conclud donc que le droict chemin pour le Cathay est vers le Pole, plus aysé, & court, n'estant que de 450. lieuës seulement de mer incognuë; où par la voye ordinaire du Midy il en faut plus de 4500. & que ce n'est qu'vn voyage de 30. iours au plus, pourueu qu'en saison propre, & partant de *Nieuland* à la fin de May: Si bien qu'outre les terres qu'on descouuriroit de ce costé-là, on en pourroit par la mesme raison & moyens trouuer beaucoup plus vers le Pole Antarctique. Ce qui n'est point tant hors de raison & d'apparence, puisque celuy [b] qui proposoit au feu Roy en 1609. ce mesme voyage du Nord pour la Chine & Cathay, qui se pou-

a *lib. de Magnete.*

b *Isaac le Maire, és Memoires du Presidẽt Iannin.*

uoit faire en six mois, au lieu de deux & trois ans par la voye ordinaire, se fondoit sur les mesmes raisons, qu'il appuyoit puissamment du rapport d'vn pilote Anglois, qui auoit representé cela à la Compagnie Orientale d'Amsterdam, & qu'il falloit prendre le haut iusqu'à 82. & 83. & plus si besoin estoit, où il auoit penetré & trouué là vne mer profonde non glacee, vn air plus doux, des terres vertes & des animaux; où plus bas à 76. 77. & 78. ce n'estoit que glaces. Ce que le docte Cosmographe Plancius confirmoit, & trouuoit ce passage plus à propos que celuy de Vaygats. Cela fut si bien remonstré au defunct Roy qu'il y prit goust, & se resolut d'y enuoyer secrettement; iusques là qu'il fit deliurer vne bonne somme d'argent à vn Capitaine de mer, qui auec vn bon vaisseau partit de Hollande pour cet effet, sans dire par qui enuoyé. Mais la mort de ce grand Prince si desastreusement arriuee l'an d'apres, fit perdre tout cela, auec tant d'autres grands & nobles desseins qui alloient à l'exaltation de la Chrestienté.

Terres sous & près le Pole, quelles.

Mais reuenant à nos Hollandois & à leurs voyages vers le Septentrion, ils ont vne Compagnie pour le Nord, qu'ils appellent autrement de *Spitz-berg*, & depuis trois ou quatre ans, ont encor enuoyé iusques vers les 80. degrez & par delà, & d'autre costé vers le destroit de *Hudson*, pour voir s'ils pourroient point rencontrer le passage d'Orient ; mais tousiours en vain.

Compagnie du Nord & Spitzberg.

En 1617. ils ont trouué vers Occident, au dessous du destroit de Magellan, le nouueau passage dit destroit du Maire à 56. & 57. degrez. Cependant les Espagnols ont esté depuis au mesme lieu en 1618. & 1619 [a]. & comme s'ils en estoient les premiers descouureurs, sous les Capitaines B*artholome Garcia & Gonçale de Nodal*, & le pilote *Diego Ramires*, luy ont donné le nom de *Destroit de* S. *Vincent*. Il est bien vray que S*chouten* & le *Maire* qui en firent la premiere descouuerte, prirent ceste resolution, sur ce que peu d'annees auparauant le Capitaine *Pedro Fernandez de Queiros* Portugais, auoit en vne sienne requeste presentee au Roy d'Espagne, fait son rapport de quelques terres nou-

Destroit du Maire ou de S. Vincent.

a *Gil. Gonçalez d'Auila au liure de las grandesas de Madrid.*

Descouuerte en la terre Australe par Queiros.

uelles par luy trouuees en la mer de Sud, par delà le destroit, tirant vers les isles de Salomon & la nouuelle Guinee; mais il ne parle point d'aucun nouueau passage, ains seulement qu'apres auoir fait plusieurs voyages par le monde, par terre & par mer, où il a couru plus de vingt mil lieuës, il a rencontré ces terres Australes, dont l'estenduë est plus que toute l'Europe & l'Asie mineur iusqu'en Perse; & cela sous la Zone torride & plus auant, depuis le 15. degré iusques à 80. Il conte là des merueilles de ces païs pour abõder en toutes sortes de richesses, commoditez & delices, peuples humains & ciuilisez, force habitatiõs, costes sans tempestes, mer calme, plusieurs isles, le port de la vraye Croix capable de plus de mille vaisseaux, la Baye de S. Iacques & S. Philippe; Qu'il auoit pris possession de tout cela au nom du Roy d'Espagne. Bref il en dit des choses si approchantes de la fable, que iusqu'icy on ne la peu croire. Quoy que c'en soit, le Roy d'Espagne aduerty de ce nouueau passage trouué par les Hollandois, pour en estre plus esclarcy y en

Bonté & felicité de païs.

uoya deux vaiſſeaux ſous le capitaine *Iean More* [a] auec quelques pilotes Hollandois pour les guider. Ils partirent de Lisbonne en 1618. & auoient charge de fermer ce paſſage en y baſtiſſant quelque fortereſſe. Ils coſtoyerent le vieux deſtroit, paſſerent la grand' Baye de S. George, & en fin trouuerent ce nouueau deſtroit en la meſme ſituation qu'il eſt figuré en la carte du Maire, auec peu de difference, pour la largeur ſeulement vn peu moindre, mais de la meſme longueur de 7. lieuës.

Iean More Esp. au nouueau deſtroit.

a Voy Herrera, circa l. des Indes Occident.

Ils ſuiuirent la terre vers Orient & Midy, pour voir ſi par delà y auroit point quelque autre paſſage: mais trouuans toute la terre continuë, paſſerent ce deſtroit du Maire en moins d'vn iour, & ayans viſité quelque peu la mer de Sud & Chilé, retournerent par le meſme, & arriuerent à Seuille en 1619. Cela fit recognoiſtre aux Eſpagnols la commodité de ce paſſage pour enuoyer plus ayſément ſecours aux Philippines & Moluques, ſans courir les fortunes & longueurs du grand paſſage par l'Orient, où il ſe perd tant de gens, & les difficultez du vieux de-

Commodité du nouueau deſtroit.

ſtroit. Outre qu'en ceſte mer de Sud les vents & les flots y ſont touſiours fauorables, ſans crainte des ſaiſons & des *Mueſſons* ou vents annïuerſaires d'Eſté & d'Hyuer, qui ailleurs ſont touſiours contraires. Il y a bien de l'apparence que ce nouueau deſtroit du Maire auroit eſté long temps y a recogneu par les Eſpagnols, qui l'auroient tenu caché pour en oſter toute cognoiſſance aux autres nations, & leur fermer ce paſſage ſi facile vers leurs riches prouinces Orientales de l'Amerique: & le Maire en a peu auoir auis de quelque marinier Eſpagnol ou Flamand; ainſi que l'on dit que Magellan eut quelque cognoiſſance de ſon deſtroit par vne carte du Coſmographe *Martin de Boheme*, qu'il auoit veuë dans le cabinet du Roy de Portugal; & y a raiſon de penſer que les Eſpagnols nous cachent beaucoup de choſes ſemblables à meſme fin, comme quelques autres ſoupçonnent que les Hollandois en font autant pour le paſſage du North; mais de tout cela il en faut laiſſer le iugement au temps, qui en deſcouurira la verité.

Mueſſons voy Pyrard l.1 c.10.

Deſtroit de Magellan comment cognu.

Pour ce qui est du Nord, les Hollandois ont continué d'y aller pour la pesche des *Valrusses* ou vaches de mer, & des Balenes : & en l'an 1612. vn *Guillaume Muyen* y fut enuoyé d'Amsterdam iusqu'à l'isle *Bereneyland* ou des Ours : il y auoit auec eux quelques barques de S. Iean de Luz, de Bordeaux & de la Rochelle, à cause que les Basques sont fort experts en ceste pesche : Mais en mesme temps les Anglois auec quelques nauires armez y allerent sous leur Admiral *Benjamin Ioseph* pour empescher tous les autres de ceste pesche vers *Spitzberg*, comme ils ont fait en 1613. se fondans sur ce qu'ils ont esté les premiers à trouuer ce païs sous la conduite du Cheualier *Villougby* en l'an 1553. & que c'est la *Groneland* qui jadis souloit dependre de Noruege, dont pour ce ils font quelque recognoissance au Roy de Dannemarc. Mais les Hollandois respondirent fort bien à cela, que Villougby ne descouurit lors la grand' isle de *Spitzberg*, qui est de 75. à 82. degrez *est quart de Nord* : d'où l'autre n'approche de plus de six ou sept vingts lieuës : & que

Pesche des Valrusses. Relat. du Groenland p. 71.

Differens des Anglois & Hollandois pour la pesche du Nord.

quand mesme il l'auroit veuë seulemẽt, cela n'en infere la proprieté. Si bien qu'ils monstrent que ce païs de *Spitzberg* a esté incogneu iusques en l'an 1596. que l'Admiral *Heemskerk* & les siens le descouurirent, & qu'il y a plus de distance de ce païs en Groneland que d'Escosse en Noruege : & toutesfois les Anglois le veulent prendre pour vne mesme chose, & pour ce luy ont donné le nom de *Greneland*, comme ils marquent en leurs cartes : car pour la vraye *Groneland* on dit qu'elle ne se rencontre plus.

Spitzberg quand cognu.

Greneland.

Or outre les deux Compagnies establies à Amsterdam pour l'Orient & Occident, il y en a plusieurs autres libres & non cõprises sous aucun octroy, comme pour le trafic de Moscouie, de Spitzbergen, Leuant, & ailleurs. Tel estoit le trafic des Indes Orientales auant 1601. qui depuis ce temps là a esté mis sous l'octroy ; & apres l'expiration de la tresue on a compris sous vn autre octroy le trafic és deux costes de l'Amerique, és terres Australes & Guinee. De ces deux Compagnies le Capital de chacune est de quelque 60. ton-

Compagnies diuerses en Hollande.

Capital de ces Compagnies.

nes d'or ou six millions de Florins. Elles ont vne Chambre d'administration à Amsterdam, qui en a la moitié, vne autre à Roterdam, vne en Nortolande à Eyncuse, & vne en Zelande à Middelbourg & Flessingue qui ont le reste. La Compagnie d'Orient n'estoit que pour 21. ans; mais ce terme expiré, elle a esté continuée, & entretient pour cela quarante-cinq vaisseaux de guerre, auec plus de dix mille hommes, tant sur mer que sur terre, en plus de 17. places qu'ils ont fortifié en diuers endroits. Car auiourd'huy ils ont des forts auec garnison és Isles de *Ternate*, *Bachian* & *Machian* des Moluques: puis en celles de *Banda*, *Amboine*, *Gilolo* & *Solor*: ont vne forteresse à *Iacatra*, dite la nouuelle *Batauie* en la *Iaue*; & là est la residence de leur Lieutenant general, du Conseil & de la Cour souueraine pour la iustice és Indes Orientales. Outre cela, ils ont vn fort en l'isle de *Bahen* ou *Taiuan* prés la Chine, & quelques autres en la coste de Coromandel, trafiquans par tout le reste des isles & terre ferme de *Sumatra*, *Borneo*, *Ior*, *Patane*, & ailleurs, ayans particu-

Forces de la Compagnie d'Orient.

Où trafiquent les Hollãdois.

lierement des comptoirs & magasins, au *Iappon*, en la *Chine*, à *Zeilan*, en *Mogor*, *Calecut*, *Cochin*, *Balagate*, iusques mesmes à *Ispahan* en Perse: & en Afrique ils ont vn fort en Guinee, à trois lieuës du *Castel de Mina* des Portugais.

Au Bresil ils ont quelques petits forts sur la riuiere des Amazones: mais là leur principal trafic sont les prises qu'ils font, & les intelligences secretes auec les particuliers Portugais, au desceu des Gouuerneurs. Depuis l'an 1624. ils se sont accommodez en vn endroit de païs sur les confins de *Virginie* & *Floride*, entre le Canal de *Bahama* & la *Bermude*, & là ils ont fait vn fort du nom de *Nassau*, en vne isle qui est enuiron au 42. degré. Ils ont donné à ce païs le nom de *Nieuniderland*, ou nouueau Païs-bas, & y a vne riuiere qu'ils disent estre de la grandeur de la Tamise, dite la riuiere de la Montagne, & l'appellent le fleuue *Maurice*, son embouscheure estant enuiron au 40. degré. C'est nostre riuiere de *May*, comme nos François l'appellerent en leur conqueste de la Floride, ainsi que

Nouueau Païs-bas des Hollandois.

nous dirons cy-apres : ils y trafiquent de Castors, fourrures, pesche, & bois qu'ils tirent de ce pais-là.

Outre ces diuerses Compagnies d'Orient & Occident, ils en projectent vne autre dite d'Asseurance de quelque soixante ou tant de vaisseaux de guerre, pour tenir la mer asseuree contre Pirates & ennemis. *Compagnie d'Asseurãce.*

Or pour ce qui est des conquestes en Orient, ils ont quelque contestation auec les Anglois pour les lieux dont ils sont en actuelle possession, disans auec assez bonne raison, qu'ils ont acquis cela par leur sang, frais, peines & longs trauaux, & partant qu'il n'est raisonnable que d'autres y viennent trafiquer à leur prejudice, & contre les traictez faicts auec les naturels du païs pour la vente des espiceries à eux seuls ; Que leur general *Heemskerk* en a le premier pris possession, contre ce que les Anglois alleguent de *Drac*, *Candisch*, & autres qui y ont bien esté & trafiqué des premiers, mais que ce n'a esté qu'en passant, & sans s'y arrester. Ces lieux particuliers sont les *Moluques*, *Banda*, *Amboin*, *&c.* ailleurs non, le trafic y *Different entre Anglois & Hollãdois, pour le cõmerce d'Orient.*

eſtant libre à tous. Sur ces differents y a eu pluſieurs Aſſemblees & Conferences [a] tant en Angleterre qu'en Hollande entre leurs Deputez & Commiſſaires de part & d'autre depuis l'an 1612. iuſques en 1615. & là les raiſons de tous les deux ont eſté amplement deduites & debatuës. Mais en fin quelques offres aſſez raiſonnables que les Hollandois ayent fait aux Anglois de les receuoir en part du profit de ce commerce, pourueu qu'ils vouluſſent auſſi porter leur part des frais pour la defence des Indiens contre les Eſpagnols & Portugais; Ils n'y ont iamais voulu entendre, ains ont opiniaſtrement perſiſté en leurs demandes d'vn trafic libre à tous & ſans participer à aucuns frais, aymans mieux exercer la piratique, & ſe ſouſmettre à tous riſques en trafiquant où ils pourront, que d'eſtablir là en commun vn bon & ſolide commerce, comme veulent faire les Hollandois; ſi bien qu'ils en ſont demeurez à cela, ceux-cy ſe maintenans par leur force & puiſſance és lieux où ils ont confederation & contract auec ceux du pays.

[a] Voy les actes de ceſte conference à la Haye.

Au

Au reste tous ces exploits maritimes des Hollandois, tant en Orient, qu'Occident, Midy & Septentrion se peuuent voir bien au long és curieuses & exactes relations Flamandes de Vuassenart [a] iusqu'en l'an 1628. où sont cõprises aussi les Nauigations des Danois, Suedois, villes Anseatiques, & autres Septentrionaux. Il y a aussi vn *Iean de Laet* qui en parle en sa description des Indes Occidentales [b].

a *En 13. volumes.*

b *La Vuest-Inde en 1625.*

§. 12.

Voyages des Danois.

Les Danois, Suedois & Moscouites se sont voulu aussi mesler de ces voyages, & y a peu d'annees qu'on auoit donné auis par deçà que quelques vaisseaux auec vne pinasse estoient partis de Dannemarc pour le passage du Cathay par *Vuaygatz*, mais il ne s'en est eu nouuelles depuis. Ces Danois depuis seize ou dix-sept ans; ont commencé aussi les voyages de commerce auec vne Compagnie pour l'Inde Orientale vers *Coromandel* & *Zeilan*. Ils ont de tout temps eu le trafic vers le Nord, à cause du voisinage, & de leurs isles d'Island, Gronelãd, & autres qui sont de la Couronne de Noruege. Les Annales d'Islande disent [c] qu'en l'an 900. du temps

c *Voy Ditmarus Blefkenius en son Islande.*

d'Aldebrand Euesque de Breme, quelques Gentils-hommes Bremois eurent dessein de descouurir vers le Nord, & que sortans de la *Vesere* & passans les Orcades, ils trouuerent l'Islande, puis la Gronelande, & de là à trauers de grandes glaces, goulfres de mer, & espaisses tenebres, la plus part perirēt, & ne resta qu'vn vaisseau, qui apres infinis trauaux dangers & mes-aises par la mer Tartarique, paruint en vn pais fort chaud, bien habité, & riche en or, argent & autres choses precieuses, sans garde aucune: car les habitans pour le grand chaud estoient cachez sous terre: mais qu'eux estans chassez par de grands chiens, qui en deuorerent quelques-vns, ils se retirerent, & apres vn long circuit arriuerent en Moscouie, & de là par la mer Baltique à Breme. Ils disent encor qu'en l'an 1564. le Gouuerneur ou Viceroy d'Islande enuoya par curiosité vn grand vaisseau Danois qui passa par Groneland, Nouá, Zembla, & la mer Blanche pour trouuer passage au Cathay, mais qu'à cause des glaces ils ne peurent passer le destroit, & s'en retournerent en Islande.

Voyage de Bremois en l'an 900.

Pour les Suedois, ils ont aussi depuis quelques ans leur Nauigation en Orient, & leur Roy *Gustaue 2.* parmy ses conquestes en Liuonie & Prusse sur le Polonois, a de nouueau estably en son port de *Gotenbourg* sur l'Ocean Cimbrique, vne Compagnie pour le commerce des Indes Orientales, mais auec expresse condition & deffence de n'aller point és lieux jà occupez par les Espagnols & Portugais, si ce n'est de leur bonne volonté & consentement.

Voyages des Suedois.

Quant aux Moscouites, ils ont voulu auoir part, bien que des derniers, en ces voyages, du temps de leur Empereur *Feder Iuuanouits* ou *Theodore.* Car les Anicoues riches marchands du païs, descouurirent par terre delà le fleuue *Oby* en *Siberie* & *Samoiede*, plus de 200. lieuës vers le Nord & Orient, iusqu'aux grãds fleuues *Ieneseya* & *Pisida*, où sont les peuples *Tingoeses*, & autres approchans de la haute Tartarie. Ce qui donne esperance que de là on pourroit par terre penetrer au Cathay. Et à la verité les Moscouites & Russes pourroient plus aysément que tous autres, soit par mer, ou par terre, faire ces descouuer-

Voyages des Moscouites.

Anicoues.

Siberie, Samoiede.

Tingoeses.

tes, pour en estre plus proches, & pouuoir obseruer les saisons propres à tels voyages, s'ils auoient autant de curiosité que ceux de deçà. L'on n'a point de nouuelles toutefois qu'ils ayent continué, & peut estre que les lõgues guerres & troubles de cet Estat les en ont empesché. Il est donc bien certain que ces voyages seroient plus aysez par là pour le passage du Cathay, que ceux qui ont esté tant de fois & si vainement entrepris par le *Vaygats*, sur la persuasion qu'on auoit par les fausses Cartes, d'vn passage au delà de ce destroit, qui conduisoit dans la grand' mer Orientale de Tartarie, vers *Oby*; mais les difficultez de vens, tempestes & glaces y trouuees, monstrent bien qu'il n'y en a point là entre la nouuelle *Zemble* & le promontoire T*abin* ou *Scythique*, mais seulement vn goulfe qui n'a aucune yssuë vers la mer Tartarique; & de fait, *Barentzon* l'aduoue assez quand il n'y a remarqué aucun flus & reflus, contre l'ordinaire de toutes les costes de mer; & mesmes quelques-vns ont voulu attribuer ceste merueilleuse inegalité du leuer & coucher du Soleil, que nous

S'il y a passage pour le Cathay.

auons rapporté cy-dessus, à l'estressisseure de ces goulfes, dont la superficie s'esleue ou s'abaisse, selon que les fleuues rapides glacent ou fondent leurs neiges ; mais cela estant assez difficile à comprendre, il y a plus d'apparence de se tenir à la raison d'Optique que nous auons alleguée. Quoy que c'en soit, tousiours ce passage est impenetrable, à cause des glaces & de la rapidité des fleuues de Moscouie & Tartarie, *Petzora, Obi*, & *Gilissi* qui se deschargent puissamment en ce goulfe ou bras de mer ; ou quelque saison d'Esté fauorable que l'on peut choisir, le danger en est tousiours ineuitable ; & sembleroit plus à propos de prendre la haute mer comme nous auons dit. Les Russes disent bien, qu'ayans passé le fleuue *Obi* dans ce goulfe, ils viennent à vn certain Empor & port dit *Vgolita*, sur le fleuue *Gilissi*, où ils trafiquent auec les Tartares : & que à quelque cinq iournees au delà de *Vaygats* on trouue vne pointe qui doit estre la *Scythique*, & de là on entre en vne grande mer qui est l'Orientale vers Anian ; mais tout cela est fort douteux : si bien que tousiours

Passage impenetrable.

Fleuue de Tartarie.

Vgolita.

Voyage au Cathay le voyage est plus asseuré & aysé par terre ; & de fait, nous auons la relation d'vn voyage[a] fait en Tartarie & Cathay en 1619. & 1620. par vn Moscouite nommé *Euesko Petlin*, qui y fut enuoyé par le *Bojare* ou *Vauiode Knezeuan Simonouuick Rotochin*, pour chercher ce chemin du Cathay, qu'il appelle *Chine*. Il mit 16. iournees depuis le chasteau de *Tomo* d'où il partit pour venir iusqu'à la riuiere de *Bakana*, & de là en 12. iours iusqu'à vn grand Lac de 12. ou 15. iournees de circuit ; puis en 15. autres iours vers le Roy *Altines*, & de là en 15. à *Seldussa* vers le Roy *Chacsatu* : puis en 30. vers vn autre Roy *Bokshuta*, & delà au païs des *Mugalles*, qui fait partie du Cathay, qu'il descrit assez semblable à la Chine ; où il remarqua plusieurs Idoles, Temples, Religieux & Prestres appellez *Lobaes*. Que là y a abondance de toutes sortes de grains, fruits excellens, & autres delices. Il parle encor du Royaume de *Bughar*, & de la grand muraille qui dure deux mois de chemin vers terre, mais deuers la mer de plus de quatre mois, & separe les Mugalles, du Cathay. De ces Mugalles il

[a] *Voy le 12 Tome des Indes Or. l. 2. c. 13.*

Tomo.

Altines Roy.

Mugalles.

Grand' muraille.

en fait les vns iaunes ou blonds, qui est la Tartarie Septentrionale, & les autres noirs, qui doit estre ce qu'on appelle *Cara-kithay* ou noire Cathaye, il prend le Cathay pour la Chine, dont il appelle le Roy *Tambur*; & que son païs est bien garny d'artillerie, qui toutefois est courte; Qu'ils ont force draps de soye, espiceries & autres riches marchandises, auec bon nombre de tres-grandes villes, comme l'on remarque de la Chine. Il fait *Cathay* estre le nom de la ville capitale & de tout le païs; Ce qui s'accorde assez auec la derniere relation des païs de *Tibet* du Pere *Andrado* en l'an 1626. Car là il dit que le Cathay est la ville Metropolitaine d'vn pays voisin de la Chine, & qui est de la Seigneurie du grand Monarque de *Sophos* ou *Sopo*, qui doit estre le grand *Cham de Tartarie*; Et par consequent ce Cathay n'est point la Chine, comme quelques autres pensent, ains la Chine en a seulement fait partie autrefois, le Cathay estant plus Septentrional, & la Chine que Marc Pole appelle *Mangi* [a] & Oderic [b] *Manci* plus au Midy. Ceste ville du Cathay doit estre le *Cambalu*

Nigra Cathaya.

Cathay ville & pays.

Relation de Tibet.

Sopo.

[a] *l.* 2. *c.* 53.

[b] *c.* 10.

Cambalu.

de Marc Pole; Car il le fait la capitale du Cathay, & ce nom pourroit estre venu des anciens *Catheens* que Strabon[a] a logé entre les Indiens de ces cartiers-là. Pour les *Mugalles* il y a grande apparence que ce sont ceux de *Mongal* ou *Moal* & *Sumongal*, d'où sortirent les premiers Tartares qui estendirent leur Empire par presque toute la grande Asie. Ce Moscouite donc conte plusieurs choses merueilleuses de ces pays-là, dont il faudra attendre d'autres relations pour en estre plus asseurez.

a lib.15.

Mongal. Magog.

§. 13. *Voyages des anciens Gaulois & François.*

PAR tout ce que dessus on void clairement que nos François ont precedé toutes les Nauigations & voyages de conqueste modernes des Europeens. Et sans remonter plus haut aux premiers voyages, ou plustost expeditions guerrieres de nos vieux Gaulois, en Italie, Espagne, Allemagne, Hongrie, Grece, Asie mineur, où ils ont laissé leurs noms auec tant de gloire; ny à ceux de nos premiers François par toute l'Europe, sous la premiere & seconde race de nos Roys, il est certain que sous la derniere & plus illustre des *Capets*, ils ont fait plusieurs memorables passages au Leuant & Midy, & ont porté leurs armes à telle reputation, qu'encores auiourd'huy iuſqu'aux extremitez de l'Orient le nom de *Francs* y eſt reſté pour tous les peuples de deçà. Car outre les voyages de conqueſte des Normands François és deux Siciles, Grece, Syrie, Afrique, & les paſſages en la terre Saincte, Egypte & Barbarie, du temps de Philippe I. puis ſous Louys le Ieune, Philippe Auguſte & S. Louys, qui y furent en perſonne; On ſçait encores que la conqueſte de l'Empire Grec en l'an 1204. ſe fit principalement par les François & par leurs Princes, qui s'en firent Empereurs. Ils ſe ſeruoient alors de vaiſſeaux & Pilotes Venitiens, Geneuois & Piſans, cōme plus experts ſur la mer: quelquefois meſmes ils ont eu des Admiraux & Capitaines Genois en leurs expeditions de mer. Ce n'eſt pas que la Nauigation n'ait eſté autrefois en plus grande vogue parmy nous, teſmoing les flottes & vaiſſeaux Gaulois de ceux de Vannes & de Marſeille, dont Cæſar fait tant de cas[a]. Et pour nos premiers François, auant meſme qu'ils euſſent paſſé le Rhin pour venir en Gaule, ie

Franki.

Nauigation des Gaulois & François.

a *l. 3 de Bello Gal. & l. 3. de Bello Ciuili.*

n'en voy point vn plus illustre exemple[a], que de ce petit nombre, qui ayans esté transportez de leurs païs en la Thrace par l'Empereur Probus, ne pouuans supporter, ny le joug de la seruitude, ny vn air estranger, se saisirent de quelques vaisseaux sur la mer Majour, & auec cela coururent & rauagerent toutes les costes de la Thrace, du Bosphore, de l'Asie mineur, Grece, Lybie, Sicile: prirent & pillerent Siracuse, & de là chargez de gloire & de despoüilles passerent le destroit, & par le grand Ocean s'en retournerent victorieux & libres en leur païs. Sous la premiere race de nos Roys ils ne s'adonnoient pas gueres à la marine, mais sous la seconde, nostre grand *Charlemagne* en prit plus de soin, puisque luy-mesme tenoit des flottes en diuers endroits, comme à Boulongne où il rebastit l'ancien Phare; puis à Gand, & autres lieux sur l'Escaut, le Rhin, l'Elb, le Rhosne & la Seine; & luy-mesme venoit par fois là visiter ses vaisseaux; & Roland ou Rutland son neueu estoit Admiral & Gouuerneur de Bretagne. Depuis cela fut negligé, si bien que là dessus

a Dans vn Panegyrique à l'Emp. Maximian.

Charlemagne & ses flottes. Voy Eghinart.

les Normands prirent cœur de venir courir les costes de France, & en fin de s'y arrester. Sous la 3. race la Nauigation fut reprise en quelque sorte sur le sujet des guerres Sainctes, mais par laps de temps on n'en fit plus si grand compte, les esprits des François s'adonnans à toute autre chose, & se fians en la bonté & felicité du pais, sans vouloir rien commettre au hazard des vents & de la mer; iusques à ce que nostre Bethencourt les resueilla, & depuis plusieurs autres encor, comme nous dirons cy-apres.

Voyages en Tartarie.

Pour ce qui est des voyages de terre, on y auoit desia commencé entre nous dés le temps de S. Louys, par toute la haute Asie & Inde la majeur, quasi au mesme temps que le Venitien Marc Pole, qui enuiron l'an 1259. (ou plus tard encores, en 1269. plustost qu'en 1250. comme la plus part veulent) entreprit le sien, qu'il acheua en 17. ans par toute l'Asie, Tartarie, Mangi, Iapon, Indes Orientales, Isles adiacentes & Affrique. Mais auant tout cela dés l'an 1246. le Pape Innocent 4. auoit desia enuoyé en Tartarie vers le grand

Marc Pole.

Cham quelques Cordeliers & Iacobins, dont l'vn nommé *Iean du Plan Carpin* Franciscain en fit vne ample Relation, qui se trouue entiere dans l'Anglois Hakluit [a], & *Simon de S. Quentin*, Religieux François du mesme Ordre en laissa aussi quelques memoires [b]. Leur voyage fut par la Tartarie grande & petite, en *Tanguth*, *Thebet*, *Mongal*, *Catay*, *Sericane*, & pays du *Prestrejan* d'Asie. Peu d'annees apres, à sçauoir en 1248. S. Louys estant à Nicosie de Cypre, ayant eu quelques Ambassadeurs du Prince *Ercalthay* qui commandoit en Perse pour le grand Cham, auec lettres escrites en langue Persique & caracteres Arabiques, il se resolut, suiuant sa naturelle pieté & deuotion, d'enuoyer vers cet *Ercalthay* & vers le grand Empereur des Tartares mesme, qui pour lors estoit *Gino* Cham, le troisiesme depuis *Cingis* ou *Ginkis*, & auquel succeda incontinent apres son frere *Mangu Cham*, & à luy le troisiesme frere *Cobila* ou *Cublay*, du temps de Marc Pole. Pour cet effect estant lors en Syrie [c] il chosit vn frere *André de Loucimel* Iacobin, qui jà auoit esté en

S. Louys enuoye en Tartarie.

Ercaltay.

[a] *2. Tome.*

[b] *Vincent de Beauuais en son Miroir histor. l. 32.*

[c] *Nangis & Ioinuille hist.*

Tartarie de la part du Pape Innocent 4. & qui entendoit bien le langage Sarazinois, & l'enuoya en ce voyage auec deux autres Religieux Cordeliers, deux Clercs, & deux Sergens du Roy, auec presens pour le *Cham*, qui s'estoit fait Chrestien auparauant aussi bien que *Ercalthay*. Ils partirent en l'an 1253. & l'vn de ces Religieux nommé *Guillaume de Rubruquis* François (les Alemans l'appellent *Ruysbrouk*) en fit sa Relation Latine [a] à son retour vers S. Louys, & dit qu'ils passerent par la mer Majour, *Gazarie*, *Iberie*, *Georgie*, *Chersona*, *Soldaia*, *Palus Meotides*, *Zichie*, *Valachie*, *Bulgarie*, chez le Prince *Vastacius*: puis par *Comanie*, *Turcimanie*, vers le Prince *Scacathay* Tartare par la *Russie*, *Tane*, *Etilia* ou *Volga*, vers vn autre Prince Tartare *Sartach*; puis par *Kergis* vers *Baatu* autre Prince, par *Musihet* (*Mulete*) ou *Assassins*, *Cangles*, *Lesges*; de là vers la Cour du grand Cham *Mangu*, qui auoit succedé à son frere *Gino* ou *Cuyne*; par le fleuue *Iagag*, à *Caracathay*, *Organon*, *Contomans*, *Iugures*, *Moal*, *Tangut*, *Tebet*, *Langues* & *Solangues*, *Muc*, *Sericane*, *Mancherulé*, *Naymans*,

Voyage de Guillaume de Rubruquis.

[a] *Voy ceste relatiõ partie en Hakluit tome 1. & le reste en Purchas tome 3.*

Vastacius, c'est le Vatach de Ionuille.

Sartach.

Baatu ou Baydo.

Mangu Cham.

Cheruhis, Orangey : puis à la Cour de *Mangu* à *Caracarum*, où il trouua force Chrestiens *Nestoriens* auec les Prestres desquels il eut de celebres conferences & disputes. Puis de là passa au *Cathay*, & ayant eu ses depesches du grand Cham, retourna vers Baatu en la ville de *Saray* sur le *Volga* ; & de là à *Sumerchant* ou *Astracan*, puis par les *Alans*, *Derbent*, *Samachie*, *Araxes*, *Cur*, *Tiphlis*, *Gange* Cité, *Curgie*, *Bachu*, *Perse*, *Armenie*, *Sahenna*, T*urquie*, T*igris*, *Eufrate*, *Camath*, *Arsengan*, Seb*aste*, *Cesaree* de Capadoce, *Coure*, *Giazo*, C*ypre*, *Antioche* & T*ripoli* de Syrie, d'où il escriuit au Roy S. Louys, luy enuoyant vne Relation bien ample de tout son voyage ; bien que d'autres disent qu'il trouua S. Louys à Cesaree de Palestine. Ils furent deux ans à faire tout ce chemin, presque tousiours par les terres du C*ham*. Ce Religieux entr'autres choses raconte qu'estant à la Cour de S*artach* à *Etilia* par delà la *Tane*, comme ils s'enqueroient qui estoit le plus grand Seigneur entre les *Francs* & Chrestiens Europeens, ayant respondu que que c'estoit l'Empereur, ils

Caracarum.

Cathay.

Sumerkent qu'il prend pour Astracan.

repliquerent que c'estoit plustost le Roy de France, dont ils auoient ouy parler à cause des guerres de Syrie. Ce voyage donna suiet presqu'au mesme temps à celuy de *Hayton* Roy d'Armenie vers le mesme grand Cham *Mangu*; & sur les memoires qu'il en laissa, son neueu *Hayton* Religieux de l'Orde de Premonstré, en composa son Histoire Tartaresque l'an 1307. car estant venu en France, il la fit traduire de langue Armenienne en François, & depuis elle fut mise en Latin par le commadement du Pape Clement 5.

Hayton voyage en Tartarie.

Apres cela *Iean de Mandeuille* Gentil-homme Anglois fit son voyage en l'an 1322. & employa 33. ans à voir tout le Leuant, Syrie, Tartarie, Inde, Cathay, Egypte, Lybie, Ethiopie, & autres païs, comme on peut voir en sa Relation qu'il escriuit en langue Latine, Françoise & Angloise. Incontinent apres en 1327. vn frere *Oderic d'Vdene* Cordelier, meu de deuotion voyagea en Tartarie & autres lieux d'Oriẽt pour y prescher la foy, du tẽps du Pape Iean 22. Il en a laissé aussi des memoires, mais sa relation, comme celle de Man-

Mandeuille & son voyage.

Oderic.

deuille, eſt remplie de beaucoup de choſes fabuleuſes, n'ayans pas aſſez bien diſtingué ce qu'ils auoient ouy dire d'auec ce quils auoient veu eux-meſmes; qui eſt la faute ordinaire de tous ceux de ce ſiecle-là: Ainſi qu'entre autres eſt le voyage d'vn Religieux de S. François mentionné en cette hiſtoire des Canaries [a], dont nous palerons en ſon lieu; puis celuy d'vn Preſtre *d'Vtrect*, nommé *Iean de Heſe*, qui en l'an 1489. fut en Aſie & Ethiopie, où il rapporte pluſieurs fables & contes faits à plaiſir, outre les abſurditez & erreurs qu'il commet en Geographie. Car entr'autres, comme la pluſpart des autres eſcriuains de ce temps-là, il confond les pays du *Preſtre-Iean* d'Aſie, auec ceux de celuy d'Ethiopie ou des Abiſſins.

Iean de Heſe.

Preſtre Jan d'Aſie & d'Ethiopie differens.

Mais le plus ancien voyage particulier que nous ayons & auant tous ceux-là, eſt celuy du Iuif *Benjamin* Nauarrois, qui en l'an 1173. vit curieuſement la plus part de l'Europe, Aſie & Afrique, où il met pluſieurs choſes remarquables des Princes de ce temps-là comme des Califes de Baldac ou Bagded, des Empereurs de Perſe Sarazins, des

Voyage de Benjamin de Tudele Iuif en 1173.

a *Depuis le ch. 55. iuſqu'au 58.*

p. 193. 284.

des Roys Turcs qui commençoient alors, des Soudans d'Egypte & autres. Il fait mention là dedans des païs de *Tubót* en Indie (qui doit estre le Tebet ou Tibet de nostre temps) de *Semarchot* ou *Samarcand*, du pays de *Sin* qui est la Chine, de plusieurs isles de l'Inde Orientale, & de la terre des *Abaßins* ou *Abißins*.

Tubot, Tebet, Tibet.

Tous ces voyages de Tartarie pourroient estre ioints ensemble, pour estre quasi en mesme temps, & seroit à desirer que quelque curieux en suiuant le dessein du feu sieur de Bongars en son recueil des histoires de la terre Saincte [a], voulust continuer ce digne trauail, en nous donnant vn second volume des Historiens qui ont parlé des Tartares depuis leurs premieres conquestes iusqu'à *Tamerlan* & ses successeurs. Car outre que l'on pourroit tirer de là vne entiere cognoissance des pays d'Orient en l'estat qu'ils estoient de ce temps-là, cela en confirmeroit & esclairciroit encores plus les relations modernes, ne me pouuant assez estonner comment nous ayons eu si peu de cognoissance de cet Empire des Tartares qui a

l'Auteur a depuis executé ce dessein

[a] *Gesta Dei per Francos.*

Relations Tartaresques.

esté l'vn des plus grands du monde en estenduë & continuité de pays, les meilleurs, tant en terre ferme qu'isles, dont les bornes ont esté les grands mers Septentrionale, Orientale & Meridionale de la grande Asie iusqu'en Armenie, voire iusqu'au Nil, à la Vistule & au Danube par leurs courses & rauages; Et n'y en a point de meilleure preuue, que de ce que les grands Estats auiourd'huy du grand Cham, Chine, Mogol, Indostan, isles de l'Inde Orientale, Perse, Moscouie, & bonne partie des terres du grand Seigneur, ne sont que les restes de ce grand Empire, & comme les pieces de cet enorme Colosse. Ce ne seroit donc pas vne petite loüange pour nos François qui ont eu bonne part en ces voyages d'Asie, si à l'imitation de *Ramusius, Hakluit, Purchas*, & de quelques Allemans & Hollandois, on faisoit vn recueil de toutes les Nauigations & voyages des François seulement, selon qu'ils ont esté faits & escrits de temps en temps depuis S. Louys iusqu'à maintenant.

Empire des Tartares quel jadis.

§. 14. DEPVIS ces voyages de terre & de mer, les François delaisserent pour quelque temps cela, à cause des grandes guerres ciuiles & estrangeres, dont la France fut lors agitee & presque abbatuë; Ce qui n'empescha pas toutesfois l'entreprise de nostre Bethencourt & de ses Normands, suiuant la valeur & generosité naturelle de leur nation, & leur addresse & expertise sur la mer: Ce qu'il semblent auoir herité des anciens Normands & Danois si belliqueux & conquerans par mer & par terre, comme ils firent bien sentir à toutes les costes de nos Gaules, & depuis à l'Angleterre, aux Siciles, & terre Saincte, où ils planterent leurs trophees & leur domination.

Normãds conquerans.

A l'exemple de Bethencourt, les Portugais & Espagnols ayans plus au loing & plus heureusement estendu leurs descouuertes & conquestes, cela resueilla depuis l'esprit de nos François à vouloir reprendre ces premieres erres, poussez principalement du desir de Chrestienner & ciuiliser les peuples sauuages & idolatres, ainsi que le tesmoignent les Roys François I. en la commission donnee à Iacques Cartier l'an 1540. Henry le grand en celle du

Nauigations modernes des Frãçois, & leur intention.

Marquis de la Roche en 1598. & Louys 13. en ses dernieres pour le Bresil, Canada & ailleurs; comme aussi pour establir le commerce auec vn honneste guain sous la douceur & franchise de leur Seigneurie. Et toutefois il ne leur a pas si bien succedé qu'à d'autres qui en ont vsé autrement, & cela pour des raisons que Dieu a voulu cacher dans l'abysme de ses iustes iugemens. Ce qui monstre qu'il ne faut pas tousiours iuger de la iustice ou iniustice des entreprises par les euenemens, dont Dieu se veut reseruer à luy seul la gloire, pour faire voir que tout depend de sa prouidence, & non de la prudence des plus sages, ny de la puissance des plus forts. Combien que l'on en puisse humainement rapporter la cause à l'inconstance & peu d'ordre des nostres, ainsi que souuent il a esté bien remonstré par nos escriuains [a], qui taschent tant qu'ils peuuent d'exciter la generosité Françoise à choses dignes de leur ancienne gloire & reputation.

Iugemens de Dieu imperscrutables.

[a] Popeliniere l. des trois mondes: l'Escarbot, en sa nouuelle Frãce & autres.

Il est donc bien certain que dés l'an 1504. Les Basques, Normands & Bretons alloient à la coste des Moruës, dit

Voyage des François à la pesche des moluës.

le grand Banc des Moluës, à quelque 800. lieuës de France vers Cap-breton; & le pays mesme en semble auoir pris le nom de *Bacaleos* ou *Bacallos*, à cause que les Basques appellent ainsi ce poisson, & ceux du pays *Apegé*. Ce qui fait foy indubitable que nos Basques y hantoient long temps auparauant; Et ceste pesche à tousiours continué depuis à nos François qui en fournissent toute l'Europe; & de faict ils y ont laissé plusieurs noms, comme *Cap-breton*, *Brest*, *Rochelay*, & autres. De sorte que plusieurs pensent qu'il en faille reprendre l'origine de plus haut, & que depuis plusieurs siecles nos Basques, Diepois, Malouins, Rochelois, & autres faisoient des voyages ordinaires és terres Neufues pour ce sujet; & que deslors ils y imposerent des noms qui y sont demeurez. Mesmes on void dans vne lettre escrite par Sebastien Cabot à Henry 7. en l'an 1497[a]. qu'il appelle ces terres du nom d'isle de *Bacaleos*, comme vn nom desia assez cogneu. Mais quoy que c'en soit, il est tousiours sans contredit que ceste pesche est à nous en propre depuis plus de 120. ans

Bacallos.

L'Escarbot liur. 3. ch. 1. p. 228. 229.

a *Voy Hakluit tom.* 3.

Les Basques, entre autres y sont fort experts, & mesme en celle des *Valrusses* & Balenes vers *Groneland*; & de faict les Anglois & Hollandois se seruent d'eux à cela, à cause que sur toutes les autres nations ils sçauent mieux & plus vistement couper les Baleines, & en faire boüillir & cuire les graisses.

§. 15. *Baron de Lery en Canada en 1518.* APRES ceste decouuerte de 1504. ou auparauant, l'vn des premiers qui alla en ces cartiers-là vers l'Isle de *Sable* & *Campseau* en Canada, fut le Baron de *Lery*, qui en l'an 1518[a]. entreprit ce voyage, en intention de donner là commencement à vne habitation de François; mais ayant trop long-temps demeuré sur mer, il fut contrainct, faute d'eaux douces & de fourrage de retourner sans rien faire, apres auoir deschargé en ceste Isle son bestail, vaches & pourceaux, qui depuis y multiplierent tellement, que cela seruit grandement à nourrir les gens du Marquis de la Roche, qui enuiron 80. ans apres demeurerent là sans secours cinq ans entiers, ne viuans que de poisson & du laictage des vaches qu'ils y trouuerent; *Prouidence admirable.* singulier exemple de la prouidence

a Voy l'Escarbot l. 1. c. 3.

J. 125.

qui auoit preparé de si long temps ce moyen pour conseruer ces pauures gens.

L'an 1524. le Roy François I. plein de pieux & genereux desseins, enuoya [a] *Iean Verazan* renommé Pilote Florentin, qui en son nom descouurit en plusieurs voyages toute la coste depuis Cap-Breton iusqu'à la Floride & Virginie, qui sont enuiron 700. lieuës; & auoit intention d'y faire des peuplades Françoises, & recognoistre toute ceste grande continente des Indes, iusques vers le Pole; mais en son dernier voyage il fut pris & mangé par les Sauuages. Il costoya depuis le 34. degré iusqu'au 41. descouurant les plus beaux & capables ports du monde, en terroir fertile & air temperé. Tout cela fut depuis appellé T*erres neufues* & *Nouuelle France*, qui doit comprendre tout ce qui est au deçà de nostre Tropique, & qui de droict appartient à la France, pour auoir esté premierement descouuert au nom & frais du Roy François, parce Capitaine Verazan, qui en fit sa relation bien ample.

Iean Verazan en 1524.

a Voy l'Escarbot l. 1. c. 4.

Terres neufues, & nouuelle France.

L'an 1534. le mesme Roy y enuoya

Iacques Cartier en Canada en 1534. Voy l'Escarbot l. 3.

le Capitaine *Iacques Cartier* Malouin, à la descouuerte de la terre Neufue des molués, & du fleuue de *Canada*, dit par luy *Hochelaga*. Philippes Chabot Admiral de France luy fit bailler deux vaisseaux, auec quoy il alla descouurir tous les ports & havres de la coste de Canada, & mesmes iusqu'au premier saut de la grand riuiere. Il y fit deux voyages: Au premier, il donna nom à plusieurs Caps, & trouua le grand goulfe de chaleur, large de quinze lieuës, auec *Saguenay*, où depuis Champlein a esté. Il fut bien receu des Sauuages & de leur grand *Sagamos* ou Roy, & fut iusqu'au saut de ce fleuue, qui dure vne bonne lieuë par precipices & rochers impossibles à remonter par basteaux: c'est à enuiron 41. degrez. Il fit sa relation de tout cela, qu'il presenta au Roy.

Saut de la grand riuiere.

Roberual en 1540. l'Escarbot l. 3. c. 30.

L'an 1540. Iean François de la Roque sieur de Roberual, Gentil-homme Picard, eut commission pour y retourner auec Cartier, & fut fait Lieutenant general pour le Roy és terres Neufues de *Canada, Hochelaga* & *Saguenay*, pour y bastir Forts, & y mener Colonies

Françoiſes. On fit depence de plus de quarante cinq mil liures pout cet effect, mais auec peu de fruict. Ils y furent & ſe fortifierent au *Cap-Breton*, mais les grandes affaires du Roy par-deçà, firent rappeller *Roberual*, & toute ceſte entrepriſe de ſi grands frais alla à neant, n'y ayant moyen de les raffraiſchir de gens & de viures.

Ce Roberual y fut encores en 1543. & Iean Alfonce Saintongeois ſon maiſtre Pilote fit la Relation [a] de ce voyage és terres Neufues, à *Bel'iſle*, *Carpont*, *Grand-baye*, riuiere de *Canada*, & autres lieux. Le meſme fit depuis vn routier & liure de ſes voyages de mer, dit *les Voyages aduantureux*, où il donne des noms aſſez eſtranges & corrompus à la pluſpart des païs du monde, comme quand il appelle la T*aprobane*, T*ropbonne*; *Diù*, *l'Iſle-Dieu*; *Ormus*, *Hermouſe*; *S.* T*homas*, *Saintomer*; *les Açores*; *les Exoires*; le grand T*emurbeg* pour le Mogor; le T*ammorat* C*herif*, pour *Tammas* Roy de Perſe; l'*Alcanir*, pour le *Guadalquiuir*, & ainſi des autres: comme auſſi quand il nomme *Barual* & *Ariſtual*, les Poles *Arctique* & *An-*

Iean Alphonce Sainctongeois.

[a] *Voy Hakluit tom. 3.*

tarctique, *Clenetique*, la ligne Ecliptique ; & en fait de mesmes des dimensions & mesures de la Terre, des Cieux & des Astres.

Voyage de Villegagnon au Bresil.

a Voy l'Escarbot l. 1. Theuet, Lery, & le sieur de Thou. lib. 16.

§. 16. L'AN 1555. Nicolas Durand, dit Villegagnon, cheualier de Malthe & Viç'admiral de Bretagne entreprit le voyage du Bresil en l'Amerique[a], & ce sous la faueur de l'Admiral de Chastillon, auquel il donnoit à entendre d'y faire des habitations Françoises, & d'y planter la religion protestante ; Surquoy l'Admiral luy fit equiper deux vaisseaux. Ce pays auoit jà esté descouuert dés l'an 1500. par *Pedro Aluarez Capral* capitaine de don Emanuel roy de Portugal, lors que voulant doubler le Cap de Bonne-esperance, il fut jetté par tempeste sur ceste coste qu'il descouurit toute, donnant le nom à *Porto seguro*, & autres lieux. L'an suiuant *Americ Vespuse* (qui dés l'an 1497. auoit descouuert & donné nom à la terre ferme d'Amerique) y alla encor pour le mesme Roy, au nom duquel il en prit possession, dõnant nom au Cap de *S. Augustin* ; puis en vn autre voyage en 1504. descouurit la *Baya de Todos Santos.* Toutefois nos

Pedro Aluarez Capral.

Vespuse en 1501.

Normands & Bretons maintiennent auoir les premiers trouué ces terres-là, & que de toute ancienneté ils ont trafiqué auec les Sauuages du Bresil, contre la riuiere de S. François, au lieu dit depuis *Port-real*; mais faute d'auoir gardé par escrit la memoire de cela, tout s'est mis en oubly. Ce pays fut appellé par les Portugais de *Sainte Croix*, à cause d'vne croix que *Capral* y fit solemnellement arborer. Mais nos François luy ont donné le nom de *Bresil*, pource que ce bois y croist en abondance en certains endroits. Ce pays porte les trois plus grands fleuues du monde, à sçauoir celuy *d'Oreillane*, ou des *Amasones*, le *Maragnon* & celuy de la *Plate*; bien que quelques-vns ne facent qu'vn des deux premiers. Villegagnon donc y alla & se plaça en vn endroit où les Portugais n'auoient encores mis le pied; sur vn rocher à l'emboucheure d'vn bras de mer, dit par les Sauuages *Ganabara* à 23. degrez du Sud; les Portugais le nomment *Ianeiro*, & les François *Geneure*. Là fut basty le fort de Coligny; & au commencement tout se passoit assez douce-

Port real.

Saincte Croix.

Trois grãds fleuues.

Ganabara, goulfe.

Coligny, Fort.

ment entre-eux auec esperance d'y faire auec le temps vne bonne Colonie Françoise, pour auec la faueur des *Toupinanbaux* peuples du pays, faire teste aux Portugais voisins assistez des Margajats, autres peuples ennemis. Mais estant suruenu different sur quelques points de la Religion, Villegagnon qui ne s'estoit monstré protestant qu'en apparence, & pour mieux acheminer son dessein par le support de l'Admiral, renuoya les autres, qui auant que pouuoir arriuer en France, souffrirent mille incommoditez sur mer, auec vne extreme famine [a].

Toupinanbaux & Margajats.

a Lery ch 21. & 22.

Mais quelque temps apres en 1558. Villegagnon ne receuant aucun secours & raffraichissement de deçà, & les Portugais commençans à luy mugueter son Fort, il fut contrainct d'abandonner tout, & retourner en France, ayant laissé quelques soldats au Fort, qui furent bien tost attaquez & surpris par les Portugais, qui nonobstant la foy promise, en tuerent la plus-part, faisans les autres esclaues, & le reste se sauua parmy les Sauuages. Voylà quel-

François cõme traitez par les Portugais.

le fut l'yssuë de ceste entreprise, dont l'histoire a esté escrite par *Lery*, *Theuet*, & autres, qui ne s'accordẽt pas entierement [a]. Les Portugais demeurerent depuis paisibles de toute ceste grande Prouince, iusqu'à ce qu'en l'an 1624. les Hollandois les furent resueiller vn peu, en leur enleuant la ville de *San Saluador* en la Baye de *Todos Santos*, que depuis les autres ont reprise.

a Thuan. l. 16.

Baya de Todos Santos.

§. 17. CES voyages ayans esté delaissez sur de si mauuais succez, depuis, comme les affaires de France ne vont que par boutades, l'Admiral assez curieux de cela, persuada au ieune Roy Charles 9. d'enuoyer vers la *Floride*, lors non encore habitee d'aucuns Chrestiens. & jà descouuerte par le Capitaine *Verrazan* au nom du Roy François. Les Espagnols toutefois s'en attribuent la gloire, mais à tort, puis que comme nous auons jà touché, *Sebastien Gauot* fut le premier qui descouurit ceste partie de l'Amerique Septentrionale, lors qu'excité par l'entreprise de Colon, il s'imagina par les raisons de la sphere, & par des conjectures plus solides, que l'autte n'auoit eu d'abord qu'en tour-

Voyage en la Floride.

Gauot descouure la Floride en 1496.

nant sa route droict au *Nordouest*, il trouueroit l'accourcissement d'vn chemin nouueau pour le *Cathay*, plustost que par *l'Oest*; si bien qu'aux frais & sous le nom de Henry 7. Roy d'Angleterre il partit de Londres l'an 1496. mais il fut deceu en sa route, & ne trouuant point de goulfe & de passage comme il pensoit, suiuant son chemin, il rencontra ce pays; Depuis il fut employé en 1525. par le Roy d'Espagne à descouurir vers la riuiere d'Argent. Apres luy le premier qui y alla fut *Iean Ponce de Leon Adelantade de Borriquen*, qui en 1512. cherchant nouuelles terres abborda en ceste coste-cy qu'il nomma *Floride*, pource qu'il l'a rencontra le iour de Pasques Fleuries: mais y retournant en vn second voyage il fut tué par les Sauuages: & son successeur *Fernan de Soto*, qui y fut apres luy en 1534. n'y eut pas meilleure fortune; car au bout de cinq ans il y mourut auec tous les siens. Puis en 1549. on y enuoya quelques Religieux Dominicains pour les prescher, mais les Sauuages les mangerent tous: De sorte que les Espagnols abandonnerent ceste conqueste, que

Rio de la Plata.

Iean Ponce de Leon.

Fernan de Soto.

nos François entreprirent comme chose delaissee, & non possedee par d'autres, pour la peupler & Chrestienner par des moyens plus doux. L'Admiral donc en 1562. y enuoya [a] *Iean Ribaut* Diepois, grand Capitaine & marinier, qui ayant pris terre là, donna nom au *Cap-François*, à la riuiere de *May* & à plusieurs autres fleuues, qu'il nõma du nom de ceux de France, que les Espagnols ont changé depuis, ainsi que par enuie ils ont suprimé tant qu'ils ont peu tous les noms que nos François auoient mis là & ailleurs, pour en oster du tout la memoire aussi bien que la Seigneurie. Ribaut y bastit vn Fort, où ayant laissé le Capitaine *Albert*, il retourna en France; Mais cet Albert ayant esté tué par sedition de soldats, ils esleurent vn autre chef, & ne demeurerent gueres là, ains reuindrent par deçà, souffrans par le chemin vne si extreme famine, qu'ils en vindrent iusqu'à ce poinct prodigieux de ietter au sort sur vn d'entr'eux, dont ils se repeurent & se garantirent ainsi: & ce qui est grandement à considerer, est que le sort tomba sur celuy qui auoit esté cause de

Iean Ribaut à la Floride.

[a] *Voy Popeliniere, l'Escarbot l. 1. Hakluit tom. 3.*

Aubert.

Famine prodigieuse.

la mutinerie cõtre le Capitaine Albert. Nos guerres ciuiles ayant fait quitter le soin de ces voyages, en fin la paix faite on les reprit, & l'an 1564. y fut enuoyé le Capitaine *Laudoniere*, qui fit amitié auec les *Paraoustis* & chefs des Sauuages, bastissant là le Fort de la *Caroline* sur la riuiere de May. Ce fut là qu'ils virent vn vieillard qui se disoit aagé de 300. ans, & pere de cinq generations, comme il se lit [a] d'vn Bengalois en Orient, qui en l'an 1557. se vantoit d'auoir 335. ans. Mais nos gens n'eurent gueres demeuré là que leur insolence se fit bien tost recognoistre par plusieurs conspirations contre leur Capitaine. Ils y eurent de grandes necessitez, & comme ils estoient sur le point d'en partir pour s'en retourner, le Capitaine Ribaut y arriua derechef en 1565. Mais peu apres ne se doutans point des Espagnols, auec qui ils n'auoient aucune guerre, ains s'en promettoient toute amitié & assistance, veu mesme que le Roy leur auoit expressement commandé de n'entreprendre rien sur les conquestes du Roy d'Espagne son bon frere, & de ne faire aucun tort

Laudoniere à la Floride.

Caroline Fort.

Histoire des Antilles p. 383.

a *Mafee l.* 11.

tort à ses sujets, comme ils obseruerent tres-bien ; Nonobstant cela les Espagnols conduits par vn *Pero Melandez* abborderent là auec cinq vaisseaux, à dessein d'en chasser les François qu'ils surprirent en leur fort, où ils tuërent tout, hommes, femmes, & les enfans mesmes, qu'ils portoient à la pointe de leurs halebardes ; quelques-vns se sauuerent qui çà qui là entre les Sauuages. Ribaut fut cause de cela ; Car contre l'aduis de tous les autres il auoit emmené les meilleurs hommes pour quelque entreprise ; mais il en porta bien la peine luy-mesme, d'autant qu'ayant fait naufrage, comme il se pensoit sauuer en terre auec les siens, surpris par les Espagnols, il fut contraint de se rendre à vn Capitaine *Valemande*, qui apres luy auoir promis la vie, le fit poignarder auec tous les autres ; Et pour couronner cela d'vne inhumanité du tout inouye, fit arracher la peau du visage de Ribaut auec sa longue barbe, yeux, nez & oreilles, & enuoya ce masque ainsi desfiguré au Perou, & delà en Europe pour en faire monstre [a]. Nostre Roy fit bien quelque plainte de cela au

Espagnols comme traitent les François à la Floride.

Melendez.

Cruauté estrange contre Ribaut.

a Voy l'Escarbot l. 1. c. 18. Papedin. l. 2 an. 9 Thuan. l. 43.

Roy d'Espagne, qui se contenta de desauouër le fait, & n'y en eut autre chose. Cela demeura ainsi, iusqu'à ce que le Capitaine *Gourgues* Gentil-homme Bourdelois, meu d'vn iuste & genereux desir de venger cet affront fait au nom François, equipa à ses despens trois vaisseaux en l'an 1567 [a]. & tira droit à la Floride, où ayant contracté amitié & confederation auec *Saturiona* l'vn des principaux Roytelets du pays, assisté des Sauuages, il alla attaquer les Espagnols dans leurs trois Forts, & les ayant emportez de viue force, les fit tous brancher aux mesmes arbres où ils auoient pendu les François, & fit demolir les Forts : puis en 1568. retourne en France, & fit vnze cens lieuës en dix-sept iours. Le Roy d'Espagne ne manqua pas d'en faire ses plaintes, dont Gourgues mal receu en Cour fut contraint de se cacher vn temps, tant que l'an 1582. ayant esté choisi par *Don Antonio* pour conduire sa flotte en tiltre d'Admiral contre les Espagnols, comme il se preparoit à cela, il mourut de maladie; le Roy d'Espagne auoit ordonné vne grande somme à celuy qui luy en

Gourgues, & son entreprise cōtre les Espagnols.

a *L'Escarbot l.1.c.19.*

Don Antonio Roy de Portugal.

apporteroit la teste.

Ces trois voyages de Ribaut, Laudoniere & Gourgues sont rapportez assez au long par la Popeliniere & l'Escarbot, suiuant les relations imprimees du tẽps mesme, mais depuis comme suprimees ou mises en oubly par plus de 20. ans, tant que par la diligence loüable du docte Anglois *Richard Hakluit*, qui estoit lors à la suitte du Milord *Stafordt* Ambassadeur d'Angleterre à Paris, elles furent derechef mises en lumiere en 1587. à la grande honte des nostres, qui en auoient tenu si peu de compte: aussi vn grand Magistrat qui viuoit alors, voyant ces liures, auec quelques autres sur le mesme sujet, demandoit auec raison, qui auoit fait ce tort à la France d'auoir si long temps caché cela; & que nos Roys eussent bien peu euiter les guerres ciuiles en continuant ces voyages, qui seruoient d'vn tres-bon diuertissement aux esprits remuans des Fraçois, & d'vne vtile descharge des mauuaises humeurs dont cet Estat estoit si souuent troublé. Ferdinand Roy d'Espagne fut plus sage, qui apres les guerres de Grenade,

Voyages, vtile employ.

Sagesse du Roy Ferdinand.

ne sceut trouuer vn plus beau moyen d'employer ses gens de guerre, que de les enuoyer aux Indes, faisant ainsi d'vne pierre deux coups, à sçauoir de preseruer le dedans & gaigner au dehors. Ie diray aussi en passant que ce mesme Anglois *Hakluit* a esté si curieux depuis, que de recouurer & traduire en sa langue toutes les Relations entieres de Verrazan, Cartier, Roberual, Iean Alphonce, Ribaut, Laudoniere, Gourgues, la Court Rauillon, Iacques Noël, & autres dont nous auions esté si peu soigneux qu'il ne nous en restoit quasi rien, si ce n'est ce que les sieurs *Popeliniere* & *l'Escarbot* nous en ont conserué dans leurs Liures.

Relations Françoises dans Hakluit. tome 3.

§. 18. En ceste mesme annee de 1568. se fit le voyage de Pierre de Monluc, dit le Capitaine *Peyrot*, fils aisné du Mareschal de Monluc, qui desireux de gloire & d'honneur equipa trois vaisseaux [a], où y auoit force noblesse Françoise, & entr'autres *Fabian* de *Monluc* son frere, le sieur de Pompadour, & autres, au nombre de 700. hommes en tout, & partit de Bordeaux en dessein de visiter les costes de *Guinee*, *Manicongo*, *Mo-*

Voyage du sieur de Monluc à Madere.

a Thuan. l. 44.

ſambique, *Quiloa* & *Melinde*, contracter amitié auec quelqu'vn de ces Roys Mores, & obtenir par amour ou par force quelque place pour y baſtir vne forteresſe, qui ſeruiſt de retraitte aſſeuree aux marchans François, trafiquans en Afrique & Orient, à ce qu'ils ne peuſſent eſtre moleſtez par les Portugais, au commerce qui doit eſtre libre à tous; mais ſans intention toutefois de leur faire deplaiſir, ains de ſe defendre ſeulement s'il eſtoit attaqué. Il abborda donc par tempeſte à Madere appartenant aux Portugais, & ayans fait deſcente pour ſe rafraiſchir d'eaux douces, penſant que ce fuſt vne terre amie, il y fut receu à belles arquebuſades, dont quelques-vns des ſiens furẽt tuez: dequoy irrité il les attaque ſi bien, qu'apres en auoir tué bon nombre, pris leur ville de force & ſaccagee, comme il vouloit forcer le reſte qui s'eſtoit retiré dans vne Egliſe, fut bleſſé d'vne balle à la cuiſſe, dont peu d'heures apres il mourut; il fut enterré auec pompe aux Cordeliers du lieu, & les ſiens ſe voyãs auoir perdu leur chef, ſans s'arreſter là d'auantage, ny pourſuiure leur deſſein,

Deſſein de Monluc.

Sa mort.

s'en retournerent en France. Le Roy de Portugal se plaignit de cela au Roy par son Ambassadeur, & l'affaire estant agité au Conseil, l'Admiral de Chastillon defendit le fait, disant que les nostres n'auoient en cela fait aucun tort aux Portugais, ausquels ils n'auoient fait que rendre la pareille du mauuais traitement qu'ils auoient receu d'eux au Bresil; de sorte que tous ceux de ceste entreprise furent absous.

Strozze.

a Voy sa vie escrite par vn sien Secretaire.

Voyage de Testu.

Quelque temps apres le Sieur Philippe Strozze, comme il estoit né à choses grandes, & d'vn courage magnanime & entreprenant, enuoya a a ses despens vn vaisseau sous la charge du Capitaine Testu grand Pilote, vers *Nombre de Dios*, auec charge seulement de recognoistre les aduenues & haures de ceste coste. Testu ayant moüillé l'ancre en vne petite Baye, & trouué là quelques Sauuages fuyans la domination Espagnole, prit occasion d'outre-passer sa commission, sur l'aduis que ces Indiens luy donnerent de surprendre quelques lingots & monnoye d'argent qu'on transportoit de *Panama* à *Nombre de Dios*, pour de là les passer en Espagne : si bien qu'à l'aide de ces gens-là, il en prit vne bonne partie, mais ayant esté tué en sa retraite, les siens retournerent sains & saufs en France auec leur proye, dont le sieur Strozze ne fut pas marry pour la haine qu'il portoit aux Espagnols, entre autres à cause de l'inhumanité dont ils auoient vsé enuers le corps du sieur Leon Strozze Prieur de Capoüe son oncle, le plus grand & aduẽtureux homme de mer de son temps, qui ayant esté tué à *Scarlino* au *Sienois*, les Espagnols ayans trouué son corps à la prise de *Portercolé*, le tirerent du cercueil & le ietterent en la mer. Il ne tint pas au Sieur Strozze de persuader alors au Roy Charles ceste entreprise à bon escient, à quoy il offroit sa personne, comme estant vne chose glorieuse & profitable à la France : ce que le Roy sembla approuuer, mais il n'y voulut entendre toutefois. Quelques annees apres en 1582. la Reine mere du Roy Henry 3. ayant accordé quelque secours à Don Antonio pour le restablir au Royaume de Portugal, & pour l'interest des pretensions qu'elle y auoit elle mesme, le Mareschal Strozze fut fait

Leõ Strozze mal traité par les Espagnols.

Entreprise de la Tercere.

General d'vne armee de mer qu'il mena aux *Açores* [a], auec bon nombre de Seigneurs & Noblesse Françoise, & ayant eu quelque heureux succez au commencement en l'isle de *S. Michel*, comme il poursuiuoit son entreprise, il fut attaqué par la flotte Espagnole conduite par *Don Aluaro de Bassan*, Marquis de Saincte Croix, contre laquelle combattant courageusement auec de l'aduantage, la trahison inopinee de quelques principaux des siens gaignez par l'Espagnol [b], fut cause que les nostres perdirent la bataille, où Strozze fut blessé à mort, pris, & à ce qu'on dit [c], acheué de tuer en la presence du Marquis. Le reste des François apres s'estre rendu, aussi égorgé contre la foy donnee; Tous les Gentils-hommes eurent les testes couppees, les autres pendus, quelque peu reseruez pour la cadene; Ceste cruauté fut representee bien au long au Pape Gregoire 13. par Monsieur de Foix, Ambassadeur à Rome, de la part du Roy Henry 3. qui en faisoit faire plainte a sa Saincteté [d].

En l'an 1572. Il y eut quelque dessein de voyage au Perou, & le Roy Char-

a *Le Sieur de Thou l. 75.*

b *Voy la vie de Don Antoine p. 10.*

Strozze tué.

c *Voy l'histoire de sa vie.*

d *Voy les lettres 55. 56. & 57. dudit sieur de Foix.*

les sur ce que l'Admiral l'en pressoit, consentit que le Comte Ludouic de Nassau enuoyast quelques vaisseaux de ce costé-là, auec six ou sept mil hommes de guerre commandez par Strozze, le Baron de la Garde, Sansac, & autres estans en Broüage; mais sans aucun effect: & semble que cela ne se faisoit que pour couurir quelque autre dessein que l'on auoit alors, comme il parut depuis.

Dessein au Perou en 1572.

Voy Popelin. en son hist. l. 28.

§. 19.

LONG temps apres cela, enuiron l'an 1588. on reprit le dessein des voyages de descouuerte, & de commerce; Car les Sieurs de la *Iaunaye Chaton*, & *Iacques Noël*, comme neueux & heritiers du Capitaine Iacques Cartier, voulurent à leurs despens continuer ce que leur oncle auoit commencé en Canada, & obtindrent du Roy Henry 3. commission pour le trafic de ce païs à eux seulement; Mais l'enuie des Malouins empescha cela, & firent tant que ceste commission fut reuoquee, au grand dommage du commerce & de la religion Chrestienne.

Dessein de la Iaunaye Chaton en 1588.

Voy l'Escarbot l. 3. c 31.

L'an 1591. il y eut vn autre voyage entrepris a par le sieur de la Court Pré

Voyage de Court Pré.

a Voy Hakluit tom. 3.

Rauillon en Canada auec le vaisseau nommé *Bonauenture*, pour le trafic des bestes appellees *Morses* aux grandes dens. Il descouurit l'isle *Ramee*, & passa par celles de *S. Pierre*, *Aponas*, *Duoron*, de *Bain*, des *Cormorans* & autres.

Morses.

Voyage du Marquis de la Roche.

Les longues guerres de la Ligue suruenuës alors, firent perdre pour vn temps la trace & la memoire de ces voyages ; mais la paix nous estant renduë en fin par la sage & heureuse valeur du Grand Henry, on commença d'en reprendre le chemin, lors qu'en l'an 1598. a le Marquis de la Roche Breton poussé du mesme desir de nos premiers descouureurs obtint du Roy Henry 4. (ainsi qu'il auoit desia faict de Henry 3.) la Lieutenance generale, auec commission & lettres pour la conqueste des terres de *Canada*, *Hochelaga*, *Isle de Sable*, la grād' *Baye*, *Labrador*, *Norōbegue* & païs adjacents, pourueu qu'ils ne fussent jà occpez par aucun autre Prince Chrestien ; & ce pour l'establissement de la foy Catholique, auec tout pouuoir & disposition d'embarquemens, leuees de gens, trafic, mettre en l'obeyssance de la France les pays con-

a l'Escarbot l. 3. c. 31.

quis, distribuer terres, faire peuplades, bastir villes, establir loix, & autres choses en suite portees par ceste commission. Car outre la pieté de ce Prince, telle estoit sa Iustice & sa Foy, qu'il faisoit tousiours ceste exception, de ne point toucher aux terres appartenantes aux autres Roys & Estats Chrestiens, ainsi que son digne fils & heritier de ses vertus *Louys* 13. a fort bien imité, quand en son Ordonnance de 1629. il enioinct a expressement, entr'autres choses, aux siens entreprenans voyages de long cours, *de ne rien entreprendre sur les Roys, Estats, biens, & sujets, Princes & Communautez, amis & alliez de ceste Couronne, conformement aux traitez faicts auec eux &c.*

Dessein pieux de nos Roys.

a *Article 244.*

Au reste ces terres Septentrionales, dont *Labrador* & *Estotiland* sont les premieres à quelque 50. ou 60. lieuës d'Island & Groneland, furent descouuertes par Frãçois, Espagnols & Anglois, enuiron 200. lieuës de coste iusqu'à *Rio Neuado.* Et toutefois dés l'an 1390. *Zichin* Roy de *Frisland* en ayant eu aduis par quelques pescheurs y iettez par tempeste, les fit recognoistre par les

Labrador, Estotiland, & quand descouuerts.

Zeni. *Zeni*, deux freres Venitiens; & depuis en 1476. quelques Polonois venans de *Noruege* & *Groneland* y furent portez; mais en fin la vraye descouuerte s'en fit Cortereal. l'an 1500. par le Portugais *Gaspard Cortereal*, cherchant de ce costé là vn chemin plus court pour les Moluques, & vint iusqu'à 60. degrez, où il treuua vn fleuue plain de neiges, que pource il Rio Neuado. nõma *Rio Neuado*; & ayant couru toute ceste coste iusqu'au Cap *de Maluas*, l'an suiuant il y voulut retourner & y perit. Son nõ en est demeuré à ce pays là, dict de *Cortereal*. L'an 1502. son frere Michel y alla aussi, & s'y perdit encores par les froidures. Depuis en 1507. comme quelques-vns disent,[a] (mais plustost en 1497.) Sebastien Gauot descouurant pour Henry 7. y fut iusqu'au 67. degré; mais le froid le contraignit de retourner sans passer plus auant. En Verrazan. suitte l'an 1524. *Verrazan* descouurit & prit possession de toute ceste partie Septentrionale au nom du Roy François, auquel il persuada de faire peupler & cultiuer tous ces pays là.

[a] Augm. Ptolem.

Le Marquis de la Roche donc estant allé, suiuant sa premiere commission, dés le temps de Henry 3. en l'Isle de Sable, & voulant descouurir dauãtage, il fut reietté par la violence du vent en moins de douze iours iusqu'en Bretagne, où il fut retenu prisonnier cinq ans durant par le Duc de Mercure. Cependant les gens qu'il auoit laissez en l'Isle de Sable, ne vescurent tout ce temps-là que de pesche, & de quelques vaches & autres bestes prouenuës de celles que dés l'an 1518. le Baron de Lery y auoit laissees, comme nous auons dit cy-dessus. En fin le Marquis estant deliuré de prison, comme il eust conté au Roy son aduenture, le Pilote *Chef-d'hostel* eut commandement allant aux terres neufues, de recueillir ces pauures gens: ce qu'il fit, & n'en trouua que douze de reste qu'il ramena en France; Mais le Marquis ayant obtenu sa seconde commission, ne peut continuer ces voyages, preuenu de mort bien-tost apres.

Isle de Sable.

S. 102.

AINSI tout demeura là, iusqu'en 1603. que le sieur de Mons Gentil-homme Saintongeois proposa au Roy vn expedient de faire vne habitation solide en ces terres Neufues, sans charger ses finances. Ce que le Roy ayant trou-

§. 20.

Voyage du sieur de Mons en 1605. Voy l'Escarbot l. 4.

Memoir. de Ribier, Tom. 1. p. 204.

ué bon, luy fit expedier commiſſion de Lieutenance generale és terres de la *Nouuelle France* : & pour l'habitation en la *Cadie*, *Canada*, & autres endroits, en la meſme forme & conditions qu'au ſieur de la Roche, & ce depuis le 40. degré iuſqu'au 46. Auec ce pouuoir le ſieur de Mõs partit du Havre en 1605. accompagné du ſieur de *Poutrincourt*, Gentil-homme Picard, & du ſieur de *Champlein*. Ils arriuerent au *port du Mouton* en la *Baye Françoiſe*, puis au *Port-royal*, où Poutrincourt ſe loga en ayant eu don du ſieur de Mons, ce qui luy fut depuis confirmé par le Roy meſme, pour s'y retirer auec toute ſa famille, & y eſtablir le nom Chreſtien & François à ſon pouuoir. De là ils firent voile vers les mines de cuiure, de diamans & de Turquoiſes, puis à la riuiere de S. Iean, Iſle de *S. Croix* & *Baye de S. Marie*. Ils ſe fortifierent à S. Croix, où ils endurerent de grandes incommoditez de maladies incognuës. Apres ils allererent deſcouurir vers le fleuue *Kinibeki*, & le païs de *Noronbega*, où ils ne trouuerent point la riuiere & ville fabuleuſe de *Norombegue* men-

Sieur de Poutrincourt en Canada.

Mines de Canada.

Norombegue.

tionnee par les Espagnols & autres. En suitte ils virent les peuples *Etechemins* & *Armouchicois*. Puis arriua là de Honfleur le sieur de *Pontgraué*, auec quelques autres. Le sieur de Mons ayant laissé là Pontgraué pour son Lieutenant reuint en France. Pontgraué.

L'an 1606. le sieur de Poutrincourt y retourna, en son partage, menant auec luy quelques Prestres, & le sieur de l'Escarbot qui en a curieusement & doctement escrit toute l'histoire; mais Poutrincourt ayant esté aduerty par le sieur de Mons que la Societé auoit esté rompuë par les Hollandois, qui auoient enleué tous les Castors & pelleteries de la grand riuiere, & que tous leurs priuileges octroyez pour dix ans pour la traicte des Castors auoient esté reuoquez, voyant toute esperance de secours luy manquer, il se resolut au retour en Frãce, come il fit en 1608. Apres cela Mons ayant obtenu du Roy prorogation de son priuilege pour vn an, dressa vn nouuel equipage pour bastir vn fort à *Kebec* sur la grand riuiere, suiuant le dessein qu'il auoit de penetrer dans les terres iusqu'en la mer Occidentale, & de là

Le sieur l'Escarbot en Canada en 1606. Voyl. 4. & 5.

Champlein, & ses voyages & exploits. paruenir à la Chine; Champlein prit la charge de ceste nouuelle Colonie, & l'an 1609. alla descouurir les *Iroquois*. Puis retourné en France Mons le renuoye auec Pontgraué en Canada en 1610. où apres quelques guerres contre les Iroquois, sur les nouuelles de la mort du feu Roy, il reuint en France. Depuis és annees 1611. 1613. 1615. 1618. &c. il y fit encor des voyages qu'il a mis par escrit & fait imprimer. *Descouuertes par Chãplein. Lacs.* Il descouurit quelques Lacs par delà le Saut de la grand riuiere, dont l'vn est de quinze iournees de long; vn autre de 400. lieuës de long & 15. de large. Il trouua des terres habitees de Sauuages armez de massues, arcs & flesches; des villes fermees de pallissades; le païs tres-beau & bon à 44. degrez, là bleds, vignes & arbres fruictiers. L'an *Recollects en Canada.* 1615. il y mena quatre peres Recollects, qui en reuindrent en 1618. Il aprit là que la grand riuiere au bout de 400. lieuës, est aussi large que les plus grands fleuues du monde, & remplie d'Isles & rochers innumerables; & qu'elle prẽd son origine de l'vn des Lacs qui se rencontrent au fil de son cours, qui est double,

double, l'vn en Orient vers la Nouuelle France, l'autre en Occident vers la mer du Sud; ainsi que l'on dit du Nil qui vient d'vn Lac d'où procedent d'autres riuieres qui se deschargēt au grand Ocean Ethiopique. En ces voyages depuis 1515. iusqu'en 1618. il visita les peuples *Atigouautans, au delà des Algoumequins*, qui ont guerre auec les *Irocois*; puis les *Otagotouemins, Entouhonorons, les Cheueux releuez*, les *Atigouaatitans, Assistaguerouons, Piserenis, Mõtagnais*, & autres qu'il descrit en sa derniere Relation imprimee en 1620. Il fut principalement assisté par vn Estienne Brulé qui a fort visité ces pays & conuersé long-temps auec ces peuples; il y est encor retourné depuis en 1627.

Peuples de Canada.

Quant à Poutrincourt il y fit quelques descouuertes en 1610. & fit baptiser plusieurs Sauuages, auec leur grand *Sagamos Membertou* aagé lors de plus de cent ans. En 1611. les Peres Iesuites voulurent auoir part en ceste association, & apres plusieurs difficultez & contestations, ils firent si bien qu'auec l'assistance de quelques personnes deuotes ils eurent moyen de rembourser

Poutrincourt & ses descouuertes.

Membertou.

Peres Iesuites en Canada.

Voy l'Escarbot. l. 5. c. 10.

les marchands, & se mettre en leur place, & ce par contract passé en ce mesme an.

Le ieune Poutrincourt fit le voyage auec quelques-vns d'eux; Mais estans arriuez là, il n'y eut pas si bonne intelligence entr'eux; ce qui commença à ruiner l'affaire de ceste habitation. Cependant ils ne laisserent pour cela de vaquer aux conuersions des Sauuages, mais auec grandes difficultez, principalement à cause de la pluralité des femmes, que ces gens-là ne pouuoient se resoudre de quiter. Depuis ces Peres furent administrateurs de toute l'association; Et y ayans fait vn nouuel embarquement, & pris possession de la Nouuelle France au nom de la Dame de Guiercheuille qui auoit eu cessiõ des droicts du sieur de Mons, ils y furent fort mal traictez, pris & emmenez par les Anglois de *Virginie*, & depuis ramenez en Europe. Cependant en 1614. Poutrincourt fit sa plainte & Remonstrance contr'eux deuant les Iuges de l'Admirauté, & le Pere Biard qui auoit esté là, fit en 1616. vne Apologie pour y respondre.

Polygamie des Canadans.

Nonobstant tous ces mauuais succez, on n'a pas laissé de continuer ce voyage, & les Peres Iesuites & autres Religieux y sont allez derechef; de sorte que l'an 1627. on a veu lettres escrittes de *Kebec* par le ~~sieur~~ Pere *Charles l'Alemant* Superieur de ceste Mission, qui mande plusieurs notables particularitez de ces païs-là; comme de leur estenduë de plus de 1200. lieuës, & ses bornes l'vn & l'autre Ocean, du Nort de deçà, & de celuy de la Chine delà; qu'il y a plus de 40. sortes de peuples qui l'habitent sans les autres incognus: Que *Kebec* est à 46. degrés, sur le grand fleuue *S. Laurēs*, à 200. lieuës de son emboucheure; & toutefois que son flot remonte encores plus haut; Que là il a plus d'vn quart de lieuë de large: Que l'hyuer y est fort long & neigeux, le vent de *Nordouest* y est froid & perçāt à merueilles, le *Nordest* pluuieux, assez diferēt de deçà: qu'à 40. lieuës plus haut en remontant la riuiere, se trouuent des nations qui ont de grands villages bien bastis, mais de mœurs fort sauuages, & sans aucune vergogne; Qu'on n'y peut que dificilement aller à cause des diuers sauts

Iesuites en Canada en 1627.

Description de ces pays.

Kebec.

S. Laurens fleuue.

Vens.

Sauts de la riuiere.

& precipices d'eau ſur ce fleuue ; & faut paſſer les baſteaux par terre ſur les eſpaules: Que les Peres Recollects y ſont allez quelquefois: Qu'il ſe faict quelque progrez de la Foy en ce lieu de Kebec & à *Tadouſſac* qui en eſt à 40. lieuës: Que ces peuples ſe veſtent de peaux d'Orignac & de Caſtors couſuës enſemble ; leurs Canoes deſcorce de bouleau, à trois ou quatre hommes chacune au moins : Que les femmes y font tous les trauaux & fatigues, & les hommes ne s'addonnent qu'à la chaſſe, à la guerre & au commerce des Caſtors; Que l'on a veu quelquefois iuſqu'à vint nauires au port de *Tadouſſac* pour ce trafic ; mais que maintenant, à cauſe du nouueau party de l'Aſſociation, il y en a fort peu, la traite peut eſtre de 15. à 20. mil Caſtors tous les ans : Qu'eux trauaillent là conioinctement auec les Peres Recollects pour la propagation de la Foy : Que ces peuples ſont fort groſſiers, libertins & faineants ; & pource leur conuerſion & inſtruction aſſez laborieuſe & longue : auſſi que quelques-vns d'entre-eux communiquent auec les Demons : Qu'ils ont en-

Recollects.

Commerce à Tadouſſac.

Naturel des Canadans.

uoyé vn de leurs Peres vers vne nation à 300. lieuës de là; Qu'ils trauaillent à la conuersion des peuples appellez *Hurons*, & plusieurs autres choses en suitte que ceste lettre rapporte.

Hurons.

§. 21.

Entreprise des Anglois en la nouuelle France.

VOYLA quel est l'estat de ces païs à present, où y a vne chose grandement à considerer, c'est que les Anglois de *Virginie* non loing de là, commencent à nous vouloir tirer des mains le trafic, la pesche & la domination mesme de ces païs, qui sont toutesfois de nostre conqueste, trauail, frais, & possession paisible de si long temps. Et de fait nos Cartes de ceste nouuelle France comprennent non seulement l'isle des *terres Neufues*, mais aussi les pays de terre ferme qui sont deçà & delà la grand riuiere; & du costé du Midy depuis le Cap de *Sable*, par la Baye de *S. Marie* & la riuiere de S. *Croix*, iusqu'à celle de *Canada*, & le long d'icelle iusqu'à son emboucheure, & delà au port de *Guachepé*, isles de *Cap-breton*, & derechef retournant au Cap de *Sable*, comme le tout ayant esté premierement descouuert & hanté par les François. Et neantmoins les Anglois tant

Voy Purchas tome 4. liure 10. chap. 6. 7. &c.

Estendue des terres de la nouuelle France.

en leurs Cartes nouuelles, qu'en leurs Relations, se sont approprié depuis quelques annees lesdites isles & pays, ausquels ils ont donné le nom de *nouuelle Angleterre, nouuelle Escosse*, & *Neufonland*, ou *terre Neufue*. Et mesmes le feu Roy d'Angleterre en 1611. establit vne Compagnie pour le trafic de ceste isle de *Neuf onland*, qu'il nomma la Compagnie *des Auenturiers & planteurs de Villes* de *Londres* & *Bristol*, pour les Colonies de ces terres nouuelles; & luy fit cession & transport sous certaines conditions de ladite isle, costes, riuages & de la pesche, qu'il defend à tous autres. Le Comte de *Northomberland*, & autres, tant Gentils-hômes que marchands furent de ceste Compagnie. Depuis le mesme Roy en 1621. fit don du pays de la *nouuelle Escosse*, ses costes, riuages, & de la mer à six lieuës loing, à vn *Guillaume Alexandre* Seigneur Escossois, auec pouuoir de partager les terres, & leur donner tels noms qu'il auiseroit bon.

Nouuelle Angleterre & Escosse, Neufonland.

Compagnie des Auenturiers Anglois.

Par ce moyen le Roy de la grand' Bretagne tient les auenuës des deux costez de la grand' riuiere de *Canada*,

& est en son pouuoir de nous empescher d'y venir, ainsi qu'ils ont fait depuis peu en prenant nos vaisseaux allans à *Kebec*; & nous ostent ainsi le trafic des pelleteries & de la pesche des moluës & baleines, que nos Bretons & Basques font il y a plus de 120. ans en tous ces cartiers là; si bien qu'ils se sont impatronisez de toute ceste partie Meridionale au deçà de la grand' riuiere, & y ont donné leurs noms aux fleuues, Caps, Bayes & terres, comme la contree *d'Alexandrie*, la *Baye Argals*, *Cap Sandy*, riuiere de *Tuede*, & autres semblables; & ne nous ont laissé en leurs Cartes que la partie Septentrionale du fleuue de *Canada*, auec le nom de *nouuelle France*, mais bien petite. Ce qu'ils appellẽt *nouuelle Angleterre* est depuis le 43. iusqu'au 45. és pays des *Armouchicois* & *Etechemins* au deçà de Virginie: là ils font mention d'vn nouueau païs trouué par eux en 1602. dit *Mauooshen*, où sont les fleuues *Quibequesson*, *Penaquid*, *Ramassoc*, *Aponey*, *Sagadahoc*, & autres; & d'vn *Sagamos* ou Roy, nommé *Asticon*. En fin voylà comme les Anglois nous traitent en ces quartiers là; à quoy

Noms Anglois en Canada.

Pays trouuez par Anglois en la nouuelle Angleterre.

doiuent prendre garde ceux qui ont la direction de ces voyages. Surquoy on peut voir la plainte & remonstrance faite par Monsieur le Garde des Seaux de Marillac, en l'assemblée des Notables de l'an 1626. Mais il y a apparence que les deux Royaumes estans maintenant en bonne intelligence, le tout sera remis en son premier ordre. En ce mesme an de 1626. on commença à dresser quelques articles pour l'establissement d'vne Compagnie de cent associez, pour le Commerce tant par mer que par terre au Ponent, Leuant & voyages de long cours; auec fonds de seize cens mil liures; & le siege & demeure de la Cõpagnie establie à *Morbihan* en Bretagne; & là entr'autres est dit, que les associez doiuent iouïr de la *nouuelle France* & *Canada* tant continent qu'Isles, pour les peuplades. Mais depuis en 1627. & 28. on a commencé d'y pouruoir à bon escient, par l'establissement effectif de ceste Compagnie, dite de la *nouuelle France*, en reuoquant ce qui auoit esté accordé auparauant à *Guillaume de Caen* & ses associez, à cause de la negligẽce dont ils y auoient vsé. Si bien

Articles de Morbihan en 1626.

Compagnie de la nouuelle Frãce.

que Monsieur le Cardinal de Richelieu, comme grand Maistre, Chef & Surintendant general de la Nauigation & Commerce de France, a donné pouuoir aux Sieurs de *Roquemont*, *Houel* & autres associez de lier vne forte Compagnie, pour establir Colonies puissantes contre toute force estrangere. Et s'est fait vne association de cent personnes pour 15. ans, dans lesquels ils s'obligent de faire passer iusqu'à 4000. personnes de l'vn & l'autre sexe en ces païs là, mais tous François & Catholiques; à la charge aussi de fournir toutes choses necessaires pour habitations & missions, le Roy leur donnant en toute proprieté, Iustice & Seigneurie l'habitation de *Kebec*, auec tout le païs dit *nouuelle France* ou *Canada*, tant le long des costes depuis la *Floride*, que les Roys ses predecesseurs ont fait habiter, en rēgeant la coste de mer iusqu'au Cercle Arctique pour latitude & de lōgitude, depuis l'Isle de Terre Neufue tirāt à l'Oest, iusqu'au grād Lac dit la *Mer douce*, & au delà; qu'aussi dedans les terres & le long des riuieres qui y passent, & se deschargent dans le grand fleuue *S.*

Nouuelle France iusques où s'estend.

Laurens ou *Canada*, auec toutes les Terres, Mines, Fleuues, Ports, Estãgs, Isles, & generalement toute l'estenduë dudit païs au long & au large, & par delà, tant & si auant qu'ils pourrõt estendre & faire cognoistre le nom du Roy, qui ne se reserue que le ressort, la Foy & hommage, & autres choses portées par les lettres d'establissement. Quant au trafic il est de tous cuirs, peaux & pelleterie, à la reserue de la pesche des baleines & moluës que sa Majesté veut estre libre à tous ses sujets ; aussi pour cela donne-t'il deux vaisseaux de garde pour les defendre: le fonds de la Compagnie est de 300000. liures, y ayant douze Directeurs ou Administrateurs, & vn Intendant, dont le Conseil est estably à Paris. Ce qui fait bien esperer de ces establissemens pour la propagation de la Foy Chrestienne, & l'exaltation du nom François, que les estrangers ont trop iniustement tasché de rabbaisser.

Trafic de Canada.

§. 22. Povr le regard du Bresil, le voyage s'en remit sus en 1612. & dés l'an 1594. on reprit les vieilles erres de l'an 1557. Car le Capitaine *Rifaut* y fut auec trois vaisseaux; mais la diuision suruenuë en-

Derniers voyages au Bresil en 1612. &c.

tre les siens le fit retourner sans autre effet ; sinon qu'vn nommé de *Vaux*, Tourangeau resta au païs, le recognut, puis en vint faire son rapport au feu Roy, qui commanda au Sieur de *Rauardiere* d'aller auec de *Vaux* à *Maragnon*. Ce qu'il executa & en donna aduis au Roy ; Il auoit fait desià vn autre voyage là dés l'an 1604. & le Sieur *Iean Moquet* fut auec luy vers la riuiere des Amasones[a], & les païs *d'Yapoco*, des *Caripous*, *Caribes*, & autres peuples Bresiliens. Depuis en l'an 1611. les Sieurs de *Rauardiere* & *Basilly* s'associerent auec Monsieur de *Sancy* pour ce voyage par la permission de la Reyne Regente, & y menerent quatre Peres Capucins. Ils partirent[b] de Cancale en Mars 1612. auec trois vaisseaux en qualité de Lieutenant Generaux pour le Roy ; & arriuerent en Iuillet au Bresil, à l'Ance de *Moucourou*, au Cap de la Tortuë, & és isles de *saincte Anne* & de *Maragnon*, où est le grand port de *Ieuiree*. Là habitent maintenant les *Toupinambaux*, qui auparauant du temps de nos premiers voyages faisoient leur demeure au païs de *Cayeté* proche du

Rauardiere au Bresil.

a *Voy les voyages de Moquet liure 2.*

b *Voy l'histoire de ce voyage faite par le pere Claude d'Abeville Capucin.*

Toupinambaux où maintenant.

Cayeté pays.

Tropique Meridional. Mais les Portugais, qu'ils appellent les *Perots*, s'estans rendus maistres du païs, ces peuples libres se retirerent plus pres de la ligne & s'habituerent vers la riuiere des Amasônes, les vns le long de la mer, autres vers la grand' montagne, & les autres à *Maragnon* & sur d'autres riuieres, retenans tous leur premier nom de *Toupinamba*. Nos François donc arriuez là y bastirent le Fort *S. Louys* sur vne montagne inaccessible entre deux grandes riuieres; Le haure peut receuoir à l'abry des vaisseaux de 1200. tonneaux. Les Capucins y bastirent vne Chapelle de bois, & firent force conuersions par le pays. Le sieur de *Rasilly* y planta la banniere de France, & prit possession de ceste isle au nom du Roy, auquel le pays se donna. L'isle de *Maragnon* a quarante-cinq lieuës de tour, à 2. degrez & $\frac{1}{2}$ vers le Sud. C'est vne Baye qu'on a pris pour fleuue, & à 25. lieuës en son emboucheure de Cap à Cap, situee entre *Baya de Tortuga* & la grand' riuiere *d'Oreillane* ou des *Amasones*, distans l'vn de l'autre de plus de 200. lieuës: Tout le pays est de plus de

Fort S. Louys.

Isle de Marãgnõ.

400. lieuës de coste, & peu accessible. Le trafic s'y faict de bois de Bresil, casse, poivre, baume, petun, sucres, cotō, *Roucou* ou teinture rouge. Ils appellent leur Roy le grand *Borrouuichaue*, & viuent huict & neuf vingts ans, tant l'air y est bon. Mais comme les nostres commençoient à s'y habituer, & y faire fruict pour la conuersion de ces Idolatres, s'esleua la bourrasque ordinaire du costé des Portugais voisins de là, demeurans à *Pernan-bouc* & ailleurs; qui enuieux de ce progrés vindrent sous beau semblant & par surprise attaquer les François, dont ils en tuerent les vns, prirent les autres, & le reste se sauua comme il pût: De sorte qu'ils se rendirent ainsi maistres du fort & du pays qu'ils tiennent encores auiourd'huy.

Trafic à Maragnō.

François cōme traitez par les Portugais.

Durant que nos François estoient encores là, il se fit vn autre embarquement du Capitaine *Pra*, qui partit du Haure en 1613. auec vn vaisseau, dit le *Regent*, de 300. tonneaux, portant enuiron autant d'hommes, entre lesquels y auoit six Capucins; vn gentil-homme Picard, nommé le sieur de la *Planque*,

Voyage du sieur de la Planque en 1613.

fit aussi ce voyage, dont il a fait quelque Relation de bouche seulement. Ils aborderent à *Moucourou* où estoit le sieur de *Rauardiere*, & furent enuoyez à diuerses fois auec quelques Sauuages en des Canoes pour la pesche des vaches marines, és riuieres de *Miarri*, *Pinarré*, & *Maracou*, d'où ils ramenerent quelques esclaues. Puis allerent vers la grand riuiere de *Para* [a] où des *Amasones*, dont ils trouuerent l'embouecheure estre de cent lieuës ou enuiron: & esperoient par le rapport des Sauuages descouurir vne mine d'or en vne montagne qui paroissoit de loing; mais en fin ils trouuerent que ce n'estoit qu'vn grand arbre le plus beau du monde, qui auoit plusieurs brasses de tour, & plus de cent pieds de haut, & enuiron soixante sans aucunes branches, puis au delà fort espandu. Ils virent force tortuës & crocodilles sur le riuage: de là ils passerent par vn grand village dit *Vuacoussou*, c. le grand Ciel, à 40. lieuës de *Para*, & virent les peuples *Pacajares* & *Camajapy*, contre qui ils eurent quelques combats. La riuiere des Pacajares faict là vn saut de plus de 25. toises. Puis

Pesche de vaches marines.

a Para nom de fleuue & du fort des Espagnols à son embouecheure.

Arbre merueilleux en grandeur.

Pacajares.

trouuerent d'autres peuples dits *Carauonac* fort esloignez de Maragnon. Le sieur de *Rauardiere* auoit faict guerre à tous ces peuples, qui sōt Anthropophages, mangeās la chair de leurs ennemis qu'ils appellent Tapoüis; & ont tous vne mesme langue, bien que differente d'accens. Ils furent neuf mois en ce voyage, & voulans retourner à Maragnon, ils eurent nouuelles comme les Portugais en auoient chassé les François, & enuoyé *Rauardiere* & de *Vaux* prisonniers à Lisbone. Ce qui donna sujet à la *Planque* & à ses compagnons de se retirer auec les Sauuages, où ils demeurerent prés de quatre ans. Puis la necessité les contraignant, ils se mirent auec vn Capitaine Portugais, qui les mena en voyage vers les costes de *Taperoucsou*, *Miarri* & *Pinarré*, où ils remonterent le long du fleuue par plus de 300. lieuës, cherchans la pesche des perles, qu'ils ne peurent trouuer. Ils employerent quelque 14. mois en ce voyage, où ils combatirent souuent contre les Sauuages, & en ramenerent force Esclaues. Depuis la *Planque* fit vn autre voyage auec vn autre

Anthropophages.

Tapoüis.

Pesche des perles.

Capitaine Portugais, vers les *Apoyti-nouam* & la riuiere de T*oury*, à quelque 200. lieuës de *Maragnon*. Apres cela ils s'embarquerent en vn vaisseau Portugais allant au Perou, & arriuerent à *Sandomingue* en l'isle Espagnole à 600. lieuës de là; puis à la *Hauane* de Cuba, où la Planque s'arresta au seruice d'vn Seigneur Espagnol nommé *Don Fernand Gonçale* neueu du Vice-Roy de la Prouince. Là il achepta deux Esclaues pour 200. escus, qui luy rendoient deux pistoles par iour pour les loüer à trauailler aux mines. Ayant demeuré là quelque temps il prit l'occasion de la flotte du Perou, qui s'en retournoit en Espagne; mais ayant esté escartee par la tempeste, il se trouua en vn vaisseau separé des autres, qui fit rencontre d'vn Forban Anglois qui les pilla entierement. Puis ils vindrent en l'isle de *S. Vincent* du *Cap Verd*, où s'estans chargez de poisson, de sel & d'eau, au lieu de l'or qu'ils auoient, passerent à la Tercere, aux *Canaries*, & delà à *Lisbonne*, où ils trouuerent de *Vaux*, mort en prison, & *Rauardiere* en fin deliuré auec beaucoup de peine. La Planque ayant sejourné

Hauane.

Retour de la Plãque.

sejourné là sept mois, retourna en France, & arriua à *Quillebeuf* en 1620. Il promet vne Relation fort ample de tout ce qu'il a veu & remarqué en 8. ou 9. ans qu'il a demeuré en tous ces pays là.

Excellence du païs du Bresil.

Cependant c'est vne merueille de ce que tous racontent a de la beauté, bonté & temperature de ces pays, situez au meilleur, plus doux & agreable climat du monde, vn peu au delà de la ligne Equinoctiale, sous vne admirable pureté, serenité, salubrité & moderation d'air; sans nulles extremitez de froid & de chaud, de sec ou d'humide, sans aucuns frimaz, broüillars, neiges, glaces, ny vens impetueux; ains vne continuelle égalité des saisons aussi bien que de iours & de nuits; peu d'animaux farouches: Les bestes venimeuses ailleurs, là sans venin & y seruans mesmes de bonne nourriture. Le païs remply d'infinité de belles & bonnes fontaines, riuieres, & fleuues de longue & large course. Le Soleil là si doux & benin qu'il ne hále ny ne noircit. Ils ne recognoissent que les vents Orientaux, les plus sains & temperez de tous, & qui n'alte-

a Voy la Relation des peres Capucins c. 31. 32. &c. à quoy s'accordẽt Martyr, Lery. & autres.

Vents Orientaux en la Torride seuls.

rent point ſubitement l'air en des extremitez faſcheuſes comme par deçà, bref vne Zone ſi temperee, contre l'opinion des anciens, que les noſtres de deçà meritent le nom d'intemperees & exceſſiues en froid ou chaud, au prix de celle-là. Auſſi en toutes les ſaiſons & mois de l'an, les arbres y ſont chargez de fueilles, fleurs & fruits, qui rendent vne ſi bonne odeur que toutes les campagnes en ſont remplies : L'on ne ſçait là que c'eſt de maladies, ains y a touſjours vne bonne & allaigre diſpoſition des habitans, auec vne fort longue vie, cauſee tant par la bonté de l'air que l'on y reſpire, que par les excellens viures, ſoit de fruits, chair & poiſſon qui s'y trouuent en abondance & de toutes ſortes. Car c'eſt vne choſe prodigieuſe de la fertilité de la terre, qui y produit au centuple & par delà, voire ſans trauail de culture, mais en iettant ou fichant ſimplement le grain ſur la terre non labouree : pluſieurs ſortes de fruits & d'animaux qui ne ſont par deçà & ceux de deçà, qui y multiplient, & y viennent comme par deſpit. La terre couuerte d'animaux, foreſts, herbages

Bonté d'air.

Fertilité de la terre.

&c fruits: la mer & les fleuues remplis de poissons sauoureux & delicieux. Ce qui y apporte vne facilité de viure pour la pesche & la chasse, du tout admirable. La bonté & salubrité des eaux telle que iamais elles ne se gastent, ny mesme portees bien loing sur la mer, au contraire de toutes celles de deçà qui se corrompent aussi-tost qu'elles sentent les premieres chaleurs vers les Canaries. Aussi boiuent-ils de celles-là pour se soulager & descharger l'estomac, comme les Indiens Orientaux rapportent de celle du Gange, & les Africains de leur Nil. Bref là ne manquent ny les mines riches, ny la pesche des perles, ny les autres richesses du *Perou*, qui leur est en mesme eleuation: outre les grandes commoditez qu'il y a pour bastir, soit de grandes forests, soit de carrieres de pierre, bonne terre à faire briques, chaux, sable & autres matieres.

Eaux incorruptibles au Bresil.

Qui a-t'il de semblable au tabac des *Antilles* & aux Castors & Orignacs de Canada, qui nous coustent tant, à tout cela? Que si l'on considere bien la felicité de ces lieux-là, en comparaison de nos climats de deçà si bruslez de chaleurs excessiues, ou gastez de froidures insupportables, & de pluyes; où rien ne croist qu'auec peines & trauaux incroyables, & où la plus part du monde vit en continuelle indigence & misere: Qui ne s'estonnera de nostre stupidité, de ne faire cas de si bons païs, & de n'estre curieux de les aller chercher, s'y habituer, & les mieux garder que nous n'auons fait iusqu'icy? puis que l'occasion en est si belle, & la facilité si grãde, & que tous les peuples Sauuages de delà ne desirent autre chose; outre la riche moisson pour le Christianisme, en quoy les nostres auoient desià si bien commencé, & eussent fait vn plus grand fruit s'ils n'en eussent esté empeschez?

§. 23. *Espagnols cõme possedent les Indes.*

PAR tout ce que dessus on voit comment les Espagnols nous ont traité en tous ces cartiers des Indes, & comme ils se sont accommodez de nos conquestes aussi aysément quelles nous auoient cousté cher. Et pourquoy enuient-ils aux autres ce que seuls ils ne peuuent, ny gaigner, ny garder? puis qu'vn seul petit coing du pays de *Chilj* nommé *Aranco*, qui n'a pas plus de 20.

lieuës de long & 7. de large a esté bastant d'arrester si long temps leurs armes victorieuses en tout le reste, & de meriter le glorieux surnom *d'Indompté*? Car ils ont trouué là vn peuple si vaillant & si resolu de defendre sa liberté, que les longues & dangereuses guerres qu'ils ont eu contre ces *Araucans*, leur ont donné sujet d'en faire des Poëmes heroïques & des Romans [a].

Arauco indomito.

a Alonso de Ercilla en son Araucane.

Cependant ils n'ont autre fondemēt en tout cela, que quelque droit qu'ils pretendent pour eux seuls de nauiger aux Indes, & en alleguent ces raisons apparentes; comme de les auoir premierement descouuertes; d'en auoir eu donation du Pape *Alexandre 6.* & de les auoir cōquises, cultiuees, peuplees & conuerties auec grand peine, frais, temps, & au prix de leur sang: & partant que c'est contre toute raison que d'autres viennent mettre la faulx en leur moisson.

Raison des Espagnols, auec la response.

I. A cela il est aysé de respondre; premierement: Qu'ils ne sont pas les premiers descouureurs, comme nous auons fait voir cy dessus; & que quand bien cela seroit, ceste quatriesme partie du monde est assez grande pour y receuoir les autres en part, eux n'estans capables de peupler & cultiuer tout; ce qui les a reduits à plusieurs mauuais moyens pour s'en asseurer.

Ce n'est rien aussi d'auoir les premiers descouuert vn païs, si quant & quant ils ne l'ont occupé, habité, & en somme en ayent pris reelle & actuelle possession, ainsi qu'eux-mesmes, sur le different qu'ils eurent du temps de l'Empereur Charles 5. auec les Portugais pour les Moluques, respondirent fort bien [a] aux autres allegans ceste raison: Que cela n'estoit à considerer s'ils n'auoient pris possession & habité ces Isles, ainsi qu'eux auoient fait: Qui est aussi la mesme responce que leur fit [b] la Reyne Elizabeth, lors que l'Ambassadeur *Mendoce* se plaignant de ce que les Anglois alloient aux Indes & faisoient plusieurs dommages aux Espagnols, elle luy dit, Qu'eux-mesmes estoient cause de cela, qui vouloient empescher aux autres le commerce en des lieux où tout le droit qu'ils y pouuoient pretendre, estoit d'y estre abbordez les premiers, y auoir dressé

Different entre Castillans & Portugais pour les Moluques.

[a] *Herrera Decade 3. l. 6. c. 5.*

[b] *Camden en sa vie, an 1580.*

„quelques hutes, & donné nom a quelque Cap, coste ou riuiere : mais que „cela ne leur pouuoit acquerir telle proprieté, qu'ils en deussent defédre l'entree & le commerce aux autres Chrestiens, ny empescher de faire des habitations és autres endroits où eux ne „s'estoient point arrestez. Que cela „estoit du droit des gens, & ne seruoit „d'alleguer prescription où il n'y auoit „aucune possession. Que la mer aussi „bien que l'air, estoit chose libre & „commune à tous, & vne nation particuliere n'y pouuoit pretendre droit à „l'exclusion des autres, sans violer les „droits de la nature & de l'vsage public. *Mer commune à tous.* Autant en respondirent depuis les Hollandois aux Anglois mesmes qui se vouloient approprier le païs de *Spitzberg*, comme nous auons jà remarqué.

2. *Sur la donation du Pape.* Pour la seconde raison, sans entrer en la question si le Pape peut ou doit donner cela, ou non ; on peut dire : Qu'il faut bien considerer l'intention du Pape, qui n'a esté que comme d'vn arbitre choisi pour ce qui estoit en debat entre les Roys d'Espagne & de Portugal, qu'il voulust oster du different où ils

estoient, par cet expedient, qui ne pouuoit preiudicier aux autres Princes, qui n'y estoient appellez, y auoient autant de droit, & ne disputoient rien encores; & moins à nostre Roy, comme fils aisné de l'Eglise, recognu tousiours pour tel auec la preseance sur tous les autres Roys Chrestiens. Ainsi le Pape en donnant aux vns, n'a pas entendu priuer les autres de leur droit; non plus que quand *Martin* 5. fit don au Prince *Henry de Portugal* de toutes les terres à descouurir depuis le Cap *Bojador* iusqu'aux Indes d'Orient, ainsi qu'il fut confirmé depuis par *Eugene* 4. *Nicolas* 5. & *Sixte* 4. à tous les Roys de Portugal; Cela n'a peu ny deu faire preiudice à tant d'autres Princes qui depuis y ont enuoyé, & enuoyent encores tous les iours.

Roy de France, & sa preseance sur tous les autres. Voy le sieur Godefroy au traité de la preseance.

Donation des Indes d'Orient aux Portugais, comment.

Outre que pour valider ce don, il n'apparoist point que le consentement & agreement des peuples donnez y soit interuenu; ny que ces donataires ayent bien accomply la condition apposee en la Bulle de Donatiõ, qui estoit *à la charge d'y faire prescher la Foy par tout.* Car on sçait assez combien ils s'en sont mal

Condition de la Donation.

acquitez, ayans fait fort peu de Chrestiens en trois ou quatre mil lieuës d'estenduë, où ils ont mieux aymé laisser perir plusieurs millions de pauures idolatres à trauailler aux mines, à la pesche des perles à la mercy des cruels *Tiburons*, & à tant d'autres rigoureux seruices, que de les amener plus doucement à la cognoissance de IESUS-CHRIST, comme leurs historiens mesmes tesmoignent [a], & tous les gens de bien d'entr'eux deplorent.

a *Ouiedo, Gomara, Benzoni, Martyr, Metellus, & Casas.*

On peut dire encor de plus, qu'vne conqueste ne peut estre legitime, si la cause de la guerre ne l'est; C'est plustost inuasion & vsurpation que iuste acquisition. C'est aussi vne chose non moins inique de conquerir des pays libres sous pretexte de religion, & priuer de leurs Estats des Princes, qui tant s'en faut qu'ils s'opposassent à la lumiere de l'Euangile, que plustost ils estoient tres-disposez à la receuoir si on y eust procedé comme il falloit; Et quand mesmes ils eussent refusé d'y prester l'aureille, on ne les y pouuoit pas contraindre de droit, suiuant les preceptes Euangeliques & la pratique de l'Eglise en tous

Iustice ou iniustice des Conquestes.

La Foy ne doit estre par contrainte.

ſiecles ; ainſi qu'il fut tres-bien repreſenté à Charles le Quint & au Roy Philippes ſon fils, par *Barthelemy de Las Caſas* Eueſque de *Chiappa*, qui monſtre [a] par bonnes & fortes raiſons contre le docteur *Sepulueda*, *Ceuallos* & autres qui defendoient cela, que ceſte procedure eſtoit du tout iniuſte & tyrannique ; & les eſcrits qu'il publia ſur ce ſujet furent approuuez par le College de S. Gregoire de *Vailladolid* & par les Vniuerſitez de *Salamanque* & d'*Alcala*. Somme qu'il plaida ſi bien la cauſe des Indiens au Conſeil de l'Empereur, contre leurs perſecuteurs, que nonobſtant l'oppoſition de pluſieurs, il fut conclu pour luy ; & l'Empereur meſme viuement touché de ſes remonſtrances, fit expedier lettres & publier és Indes de tres-bonnes ordonnances en faueur de la liberté de ces peuples, & pour leur plus doux traitement, auec grandes peines propoſees aux contreuenans ; mais cela fut mal obſerué ; & peut eſtre que les grands affaires que ce Prince auoit par deçà, outre la perſuaſion de quelques flateurs, & les importunes inſtances de ceux qui y auoient intereſt,

[a] *En ſon liure de la deſtruction des Indes, emprimé à Seuille en 1552.*

ne luy permirent d'y donner l'ordre que ce bon Prelat auoit si ardemment desiré.

Tout cela se void deduit bien amplement par l'Archeuesque *Augustin d'Auila Padilla* [a], & par *Fra Michele Pio* Dominicain Bolognois en la Chronique de son ordre [b], qui celebrent l'Euesque Casas comme vn sçauant Iurisconsulte & Theologien & vn grand Sainct, & ne celent pas les cruautez exercees par les Espagnols és Indes, quoy que leur sçeussent remonstrer les bons Religieux qui y estoient ; iusques là que ce *Michele Pio* exagere cela à ce poinct de dire qu'ils despeuploient le pays d'Indiens, pour peupler l'Enfer dés leurs mesmes.

[a] *En son histoire du Mexique.*
[b] *lib. 1. partie 2.*

Quant à leur troisiesme & derniere raison, il est certain que les autres nations Chrestiennes ont autant de droit és pays qu'elles ont elles mesmes descouuert, conquis, cultiué & conuerty à leurs despens & au peril de leurs vies, que les Castillans & Portugais en sçauroient pretendre aux leurs. Toutes ces raisons peuuent aussi bien & vallablement estre employees contre les An- 3.

glois, Hollandois & tous autres qui pretendroient le mesme que les Espagnols, en ce qu'ils auroient descouuert de la sorte.

§. 24. Mais contre la procedure des Espagnols aux Indes, parle encor en plus forts termes que l'Euesque de *Chiappa*, vn autre religieux Dominicain des plus celebres de son temps en l'Vniuersité de Salamanque, *François Victoria*, qui traicte[a] ceste matiere à plein fonds, & auec grande hardiesse & liberté, monstre par plusieurs raisons & authoritez; 1. Que l'infidelité & le peché mortel n'épeschent point la vraye Seigneurie, & que pour cela les Espagnols n'ont eu aucun iuste tiltre & sujet de spolier de leurs biens les Indiens, qui ne leur auoient fait aucun tort.

a En sa 5. Relection Theologique, & en la 9. § 8.

Raisons pour les Indiens contre les Espagnols.

2. Que l'Empereur, ny le Pape mesme, n'ont eu, ny droit, ny pouuoir de donner ces païs aux Castillans.

3. * Que si le Pape a quelque puissance sur eux, elle ne peut estre que spirituelle, qui ne se peut estendre sur les choses temporelles qu'indirectement & subordonnément en ce qui touche le spirituel; & quand bien ils ne vou-

** Ceste opinion est suiuie par quelques vns; mais contredite par plusieurs au-*

droient recognoistre son authorité, que pour cela il ne les peut donner à d'autres pour leur faire guerre & occuper leurs biens.

tres, tous alleguez par le docteur Freytas, cy apres.

4. Que ce n'est tiltre legitime de dire, qu'ils ont les premiers trouué ces terres desertes, qui par le droit commun & des gens sont au premier occupant; puisque ces païs là, où la plus part auoient de vrays maistres & Seigneurs de tout temps & ancienneté.

5. Que pour ne vouloir receuoir la Foy, on ne doit pas pour cela leur faire la guerre, ny les priuer de leurs biens; mais seulement les persuader doucement, & par bons & raisonnables moyens, puisque la Foy doit estre non forcee, ains volontaire.

* Selon S. Gregoire, S. Thomas, Soto, Belarmin, Becanus, Acosta, Couarruuias, Ayala; au contraire de Sepulueda, Salmeron, & autres.

6. Que l'exemple qu'on allegue des Israëlites qui ont occupé les terres des *Cananeans* idolatres, ne sert à cela, puisque c'estoit par vn expres commandement de Dieu, & pource que les autres leur auoient empesché le passage, ou fait quelque autre notable iniure; mais que les Espagnols ne peuuent rien monstrer de tout cela; & aucun Prophete ne leur a reuelé que Dieu leur ait

Exemple des Israëlites.

donné ces terres ; & n'en ont fait apparoistre aucun signe miraculeux pour le faire croire aux autres.

Election valide ou non, comment. 7. Moins encor de ce qu'ils disent, que ces peuples les ont receus pour maistres ; car quand cela seroit, il faudroit voir que toute crainte & ignorance en eust esté hors, qui est ce qui rend vne election valable ; & ces pauures Indiens simples & sans experience, ne cognoissoient pas les mauuais desseins des autres ; Outre qu'ayans desja de vrays Seigneurs ils n'en pouuoiẽt choisir d'autres sans des causes tres-necessaires & plus que raisonnables. Aussi qu'en effet ne se trouue-t'il point qu'en aucun endroit on les ait choisis pour Maistres.

Droits legitimes. C'est ainsi que ce sçauant Religieux rejette tous les tiltres dont les Espagnols se targuent, & leurs flateurs les veulent armer. Mais apres cela il monstre que des vrays & legitimes ils n'en
1. ont aucun; comme est le droit de voyager, trafiquer & s'habituer en quelque lieu, qui est vn droict commun à tous les peuples du monde, & dont on ne peut estre raisonnablement empesché,

pourueu que ce soit sans dol ny fraude, & sans aucun dommage ou incommodité des habitans, qui en est la condition inseparable. Et sur cela il remarque, que les Indiens estans assez simples & stupides de leur naturel, ont eu sujet d'apprehender tout, d'estrangers inconus, & plus encor depuis qu'ils les ont reconus.

Pour ce qui est de la propagation de la Foy qu'ils disent leur estre enjointe par le Pape: Qu'il faut tousiours pressupposer que ce soit par bons moyens & sans contrainte. Et que soit que ces peuples se veuillent conuertir ou non, on n'a pas droit de les subiuguer pourtant; & qu'en cas de iuste guerre deffensiue contr'eux, il faut tousiours que ce soit sans consideration d'interest mondain, comme de guain, vengeance, ambition ou autres semblables; mais en euitant tant que faire se peut tous grands inconueniens & extremitez. Que si les Espagnols ont esté appellez au secours des vns contre les autres, comme par les *Talcatedans* contre les *Mexicains*, en ce cas qu'ils se peuuent licitement rendre maistres des païs en-

2. *Propagation de la Foy.*

nemis ſubiuguez, par droit de guerre. Qu'ainſi les Romains en defendant leurs alliez eſtendirent leur Empire; Mais que toutefois ce tiltre eſt encor diſputable; & en tout cas que les Eſpagnols n'y ont apporté les meſmes moyens raiſonnables que les Romains faiſoient au commencement.

Droit des Romains appellez au ſecours.

Qu'auſſi douteux eſt le titre qu'ils adiouſtent, que les Indiẽs eſtans groſſiers & barbares ont beſoin d'eſtre conduits & ciuiliſez pour leur bien, puis que cela ne doit eſtre que par charité Chreſtienne, & non pour l'auarice & l'ambition, & par les mauuais moyens dont les Eſpagnols ſe ſont ſeruis, pour les perdre au lieu de les policer.

3. Indiens barbares comme à traiter.

En fin que tous ces iuſtes titres ceſſans, ſi les Indiens ne veulent auoir les Eſpagnols pour Maiſtres, on ne les y peut iuſtement contraindre. Car pour le commerce on ne laiſſe pas de l'eſtablir fort bien, ſans ſubiuguer ny conquerir les païs, comme ont fait les Portugais en Orient. De ſorte qu'on peut recueillir de ce Docteur que toutes les cauſes que pretendent les Eſpagnols pour ceſte conqueſte ſont iniuſtes, &

4. Droit de Commerce.

que

que la seule iuste d'iniure receuë & pour la deffensiue leur manque; Et encores qu'ils l'eussent, qu'ils n'y ont apporté les reigles & limitations necessaires en toute guerre legitime: A sçauoir de ne chercher occasion de noise, ains pacifier tant qu'on peut; Ne guerroier pour destruire, ains pour son droit, pour se defendre & auoir paix; Et en fin vser de toute moderation en la victoire.

Causes iustes de guerre, & leurs limitations. 1. 2. 3.

MAIS depuis peu d'annees il y a eu vn *Seraphin de Freytas* Canoniste Portugais en l'Vniuersité de *Vailladolid*, qui escriuant [a] contre le Liure intitulé *Mare liberum*, tasche de iustifier par vn long discours, l'Empire des Indes Orientales & Occidentales des Portugais & Castillans, à l'exclusion de tous les autres peuples. Mais il ne rapporte pas de meilleures raisons que celles qui auoient esté desià bien contredites par celuy qu'il pretend refuter, & qu'il appelle Autheur inconu, & qui toutefois ne l'est point tellement, qu'il ne soit pour sa singuliere doctrine & vertus en l'estime de tous les bons esprits du temps, & qu'il ne puisse quand il voudra pertinemment respondre à ce nou-

§. 25.

a *Lib. de legitimo Imperio Lusitanorum Asiatico en 1625.*

Tiltres pretendus par les Espagnols & Portugais.

uel Apologiste. Car les principaux tiltres qu'il met en auant ce sont la *Preocupation*, *Prescription*, *& possession* que l'autre auoit assez refutez. Mais le plus fort & où il s'arreste d'auantage est celuy de la donation pretenduë du Pape, auquel le *Victoria* satisfait assez, & luy mesme l'aduouë aussi auec *Salmeron*, *Soto*, *Ledesma*, & autres. Et à cela mesme est assez à propos ce qu'il rapporte d'*Atabalipa* Roy du Perou [a], qui tout barbare qu'il estoit, comme le Dominicain *Valuerde* le menaçoit de mort par feu ou par fer, s'il ne se rendoit vassal du Roy d'Espagne, à qui le Pape auoit donné tous ces païs là, respondit „assez naïfuement, *Qu'il ne vouloit ny „recognoistre pour maistre celuy qu'il ne „cognoissoit point, ny obeyr à celuy qui „donnoit ce qui n'estoit pas à luy.*

a Voy Gomara, & Benzoni l. 3. c. 3.

Atabalipa, & sa responce.

Il improuue aussi luy-mesme l'opinion du Iurisconsulte *Borellus*, qui veut inferer que la Nauigation de tout l'Ocean appartient aux Espagnols, de ce que le Patriarche Noë ayant receu de Dieu l'inuestiture reelle de la mer, par le commandement qui luy fut fait de bastir vne Arche, & ceste Arche estant figure de l'Eglise, comme Noë l'est de IESVS-CHRIST, tous deux ayans sauué le monde l'vn par l'Arche, l'autre par la Croix; Que CHRIST, comme maistre de la mer & des vens a, ayant estably S. Pierre & ses successeurs pour ses Vicaires, leur a quant & quant conferé toute sa puissance temporelle & spirituelle sur la terre & les eaux; & qu'ainsi le Pape ayant ce pouuoir en a peu faire don aux Espagnols: Ce que *Freytas* nie, & dit que l'on ne sçauroit prouuer que CHRIST ait donné telle puissance au Pape; & que quand bien il l'auroït fait, le Pape ne s'en pourroit despoüiller pour en inuestir vn autre, sans faire vn notable preiudice à la dignité Pontificale. Il adiouste de plus, que le Pape n'a peu donner les païs des Barbares pour les conuertir, n'ayant aucun pouuoir ny Iurisdiction sur eux, comme il prouue par *Casas*, *Soto*, *Salmeron*, *Acosta*, & autres, contre *Sepulueda*, *Ceuallos* & *Paramus*. Que la guerre n'est pas vn moyen propre à conuertir, ains à destruire. Que seulement il a peu permettre de voyager aux Indes pour la propagation de

a S. *Luc* c. 8.

Pouuoir du Pape, comment.

la Foy, à quoy la nauigatiō est vn moyē fort propre; mais non pour guerroier, ny occuper les païs, & autres semblables raisons tirees de *Casa, Soto, Bagnez, Belarmin, Salas, Acosta,* & *Becanus*: & tout cela fondé sur le vray pouuoir du Pape au temporel pour le salut des ames seulement, & comme l'on dit *in ordine ad bonum Spirituale*. Mais ce Docteur veut parmi cela defendre vne assez estrange proposition, quand il dit, que bien que les Espagnols ayent commis beaucoup de violences & cruautez en leur conqueste des Indes, cela estant contre l'intention du Pape & du Roy d'Espagne, ils ne laissent d'auoir vn titre legitime, & que la possession n'en est pas moins equitable & salutaire; & que les Estats occupez par iniustice, se iustifient par laps de temps, & se peuuent ainsi prescrire par la force de la possession; ce qu'il tasche de prouuer par l'authorité de quelques autres; mais le bon Docteur *Casas* n'est de cet auis, quand il monstre [a] l'iniustice qui est en cela, tant de ceux qui le commettent que de ceux qui le defendent, & par leurs flatteries trompent les Princes en les rendant

Proposition estrange de Freytas.

[a] *Voy Michele Pio en la chronique de S. Dominique. l. 1. part. 2.*

coupables auec eux.

Sur ce que l'Autheur du liure de *la Mer libre*, monstre par bonnes & fortes raisons que la mer est commune à tous pour y nauiger, selon le droit des gens; & que de vouloir empescher l'vsage d'vne chose ainsi commune, lors que pour cela elle ne deperit en rien pour les autres, c'est vne extreme enuie & ingratitude; *Freytas* respond assez mal, que bien que la mer ne soit à aucun en proprieté, qu'elle le deuient toutefois par *protection* & *iurisdiction*; Car cela pourroit bien auoir lieu és moindres mers, mais non au vaste Ocean, dont l'immẽsité repugne à toute preoccupation, protection, & autres semblables tiltres; puis que l'occupation ne peut estre que d'vne partie & non du total: & tout ce qu'il allegue de raisons & d'exemples ne va qu'à cela. Car la *Protection* n'est que pour empescher la piraterie, & non pour oster la liberté du nauigage pour le Commerce legitime; & luy mesme accorde que les Espagnols & Portugais ne pretendent empescher les autres de nauiger simplement, mais seulement és endroits de leur conqueste

Mer commune à tous.

Protection sur mer.

& habitation ; & que par tout ailleurs ils le consentent où ils pourront, soit en descouurant nouuelles terres ou autrement.

Obiection du tacite consentement des autres.

Il dit aussi, que ce que les Espagnols & Portugais, suiuant la Concession du Pape, ont entrepris à l'exclusion des autres, ç'a esté sans aucune plainte des autres Roys & Princes, ains à leur veu, à leur sçeu & de leur consentement tacite, y ayans esté conuiez par le Pape ; à quoy ils n'auroient voulu entendre ; Que le Roy Emanuël mesme par vne ambassade au Pape Iules 2. auoit prié les autres Princes Chrestiens de l'assister contre les infideles Mahometans, mais en vain ; Que François I. l'auoit non seulement refusé, mais mesmes defendu aux siens d'aller aux Indes ; & qu'Edouard 6. fit la mesme defense aux Anglois d'aller en Guinee ; & qu'en la paix de 1555. entre Charles 5. Philippe 2. & Henry 2. y eut article particulier, *Que les François ne pourroient aller chercher nouuelles terres és Indes sans la permission des Roys d'Espagne.* Mais à tout cela on peut respondre, que le silence de ces Princes qu'on prend pour vn ta-

Responce à cela.

cite consentement, n'a peu faire preiudice à leurs droits, & ne l'ont ainsi entendu, comme ils ont bien monstré depuis, par toutes les expeditions par eux faites aux Indes. Car pour ce qui est des descouuertes, en ces premiers temps là, les Anglois & François furẽt si trauaillez de continuelles guerres, ou domestiques, ou estrãgeres, qu'ils n'eurent loisir de songer à cela; & Henry 7. ne laissa pour la descouuerte de *Colon* & des Espagnols, de donner diuerses commissions à *Gauot* & autres pour descouuertes de terres incognues comme il a esté dit cy dessus. Entr'autres il se voit par les lettres patentes de ce Roy, données l'an 1495 a. peu apres le voyage de a *Hakluit tom. 3.*
„*Colon*, comme il donne charge ex-
„presse, pleine puissance & auctorité à
„*Iean Cabot* pilote Venitien, & à *Loys*, *Cabots ou Gauots, & leurs voyages.*
„*Sebastien*, *&* *Sance* ses enfans, à eux &
„leurs hoirs & successeurs, de nauiger
„par toutes les mers d'Orient & Occi-
„dent sous la banniere d'Angleterre,
„auec cinq vaisseaux & tel nombre
„d'hommes qu'ils voudront, pour des-
„couurir toutes terres d'Infidelles, en
„quelque endroit du mõde que ce fust,

„où les autres Chrestiens n'eussent „point encor esté, &c. Et en 1497. ce *Iean Cabot* & *Sebastien* son fils commencerent leurs descouuertes vers Occident, cherchans vn chemin pour le Cathay, & furent iusqu'au 67. degré. Sous Henry 8. le mesme *Sebastien* continua ses voyages en Occident, auec vn *Thomas Pert* en 1516. vers le *Bresil*, *Sandomingue*, & *Sanjuan de Puerto Rico*, &c. Depuis en 1553. *Edoüard* 6. à la persuasion d'vn autre *Sebastien Cabot* descendu de ceux-là, enuoya descouurir vers le Nord, comme nous auons dit. Mais sous la Royne *Elizabeth* ce fut par tout l'Orient, Occident, Midy & Septentrion.

Nauigation des François.

Pour nos François, nous auons veu comme ils en ont fait de mesme de temps en temps, depuis le Roy François I. iusqu'auiourd'huy. Et de ce que *Freytas* allegue de *Sandoual*, il n'en est touché vn seul mot és traitez de paix de 1525 1529. 1559. & 1598. chacun demeurant en ses droits & pretensions cōme auparauant. Car pour les trefues de 1555. à *Vaucelles* qui ne durerent gueres, *Sandoual* dit bien [a], qu'il y eut

[a] *Lib.* 32. §. 37.

vn article entr'autres portant. *Que les François ne pourroient passer aux Indes auec marchandises, ny y conquerir & descouurir terres sans le consentement de l'Empereur & du Roy son fils.* Mais cela a esté alteré par ce Croniqueur, estant porté par les vrays actes de ceste tresue. *Que les François ne pourroient nauiger, trafiquer & negocier és Indes appartenans ausdits Seigneurs, sans leur congé expres & licence; autrement seroit licité vser contr'eux d'hostilité, moyennant aussi que rien ne se fist au preiudice des sujets du Roy Tres-chrestien qui se trouueroyent voyager par mer ailleurs à leurs commoditez, & où bon leur sembleroit comme du passé.*

Trefues de Vancelles.

Par là on voit que *Freytas* & *Sandoual* auancent plus qu'il ne faut; & qu'il ne fut point arresté alors, que les François ne peussent descouurir & conquerir de nouueau des terres aux Indes, ains seulement qu'ils ne pourroient trafiquer ez lieux appartenans aux Espagnols sans leur sceu & congé: Le reste ne leur estant defendu, comme aussi de droit ne pouuoit il estre. Il est bien vray qu'en la secrette assemblee à Ieinuille auec les miniſtres d'Eſpagne en 1585. il fut conuenu [a] entr'autres quelque choſe de ceſte prohibition d'aller aux Indes, mais tout cela eſtoit de gens ſans pouuoir & ſans adueu.

a Thuan. L. 81.

Ainſi donc ces Princes par leur ſilence n'ont nullement conſenti à ce que dit *Freytas*, ains ont depuis pourſuiuy le droit commun à tous de nauiger & trafiquer par tout, mais touſiours auec la condition de ne toucher à ce que les autres auroient jà deſcouuert, & poſſederoient de fait. Auſſi que leur pretenduë preſcription a eſté aſſez de fois interrompuë. Et ſur ce qu'il dit que Emanuel conuioit les autres Roys à l'aider contre les Infidelles, ſoit que cela ſoit, ou non, il eſt bien certain qu'aujourd'huy ils n'en voudroient pas faire autant, puis qu'ils veulent demeurer ſeuls en leurs conqueſtes & deſcouuertes, & ayment mieux ſe ſouſmettre à toutes ſortes d'incommoditez, de dangers & de pertes que d'y appeller les autres en part.

Preſcription interrompuë.

Bulles du Pape pour les miſſions.

Mais pource qui eſt des Bulles du Pape, *Freytas* aduouë luy-meſme que ce n'eſt principalement que pour les miſsions, & que par là le Pape n'entend empescher aux autres le droit commun de nauiger & commercer, qu'en tant que cela pourroit troubler ce qui est de la propagation de la Foy, qui est la condition seule apposee en la Bulle ; & que ainsi les Espagnols & Portugais ne pretendent donner empeschement à personne en ce droit cõmun. Mais tant s'en faut aussi qu'aucun Prince Chrestien les voulut troubler en vne si saincte entreprise, qu'au contraire ils les y ayderoient volõtiers, ainsi que nos Fraçois tesmoignent assez en tous les lieux où ils ont porté leurs armes & leur Seigneurie. De sorte que ceste Donatiõ du Pape fait cõtre les Espagnols mesmes qui ne veulẽt estre aydez de personne en vne si planteureuse moisson où leur petit nombre ne peut pas faire grand fruict. En quoy ils monstrent que ce sont plustost les riches metaux du *Perou* qui touchent la plus part d'entr'eux, que la propagation de la Foy, dont sans cela ils ne seroient pas peut-estre si curieux. Dauantage il y a vne autre condition en la Bulle, à sçauoir, a Que le Pape par ceste Donation n'entend preiudicier à aucun autre

Condition de la Bulle.

a Voy Matthaeus in Constitut.

Pontif. & Cherubin. in Bullario.

Prince Chrestien qui auroit jà pris possession actuelle de ces terres nouuelles. Ce qui se doit estendre de droict à ceux qui depuis mesme ont les premiers descouuert & pris possession des lieux que les Espagnols ont, ou negligé, ou n'ont point cogneu du tout. Et toutefois en la *Floride*, au *Bresil* & ailleurs on a veu cy dessus comment ils nous y ont traité. Mais en tout cas, c'est tousiours reuenir à la question, si les peuples infidelles peuuent estre ainsi occupez & assuietis par les vns au preiudice du Commerce des autres: Ce qui a esté assez resolu par leurs plus grands Docteurs, comme il a esté dit.

Raison naturelle pour les lieux non occupez.

Mais quand toutes leurs raisons seroient valables & sans contredit, il faut en fin se rendre à la premiere raison naturelle, que c'est vne trop grāde rigueur de vouloir interdire aux autres, ce que seuls ils ne peuuent occuper ; veu que l'on ne demande seulement que de se pouuoir accommoder és lieux où ils n'ont encores mis le pied, comme tesmoignent assez les Lettres & Commissions de nos Roys Henry 4. & Louys 13. Et puis que les Espagnols ne peuuent pas suffire à peupler & cultiuer leur vieille Espagne mesme, qu'ils vont continuellement espuisans pour fournir à tant d'armades, flottes, & colonies Indiques; moins doiuent-ils enuier aux autres le passage en ces vastes solitudes dont à peine sçauent-ils le nom, ny l'endroit où elles sont.

Mais ie ne me puis assez estonner de *Freytas* qui pour honnorer sa natiõ Portugaise, dit que toute l'Europe doit recognoistre l'vsage de l'Astrolabe des Portugais, veu que son antiquité est assez recogneuë dés le temps de Ptolomee & auparauant mesme: & depuis les Arabes s'en sont seruis, ainsi qu'il se voit en tant de noms Arabes qui sont restez és principales pieces de cet instrument, comme *Azimuths*, *Almicantaratz*, *Alidades*, & autres. Et Mafee a, mesme qu'il allegue pour son autheur, ne dit pas cela, mais bien que les Portugais furent les premiers qui s'en seruirent sur la marine, & le transfererent de la terre au grand Ocean. Et toutefois les Sarazins en auoient vsé long-temps auparauant sur la grand' mer Indique, pour les eleuations du Soleil & des au-

Astrolabe, & son inuention & vsage ancien.

a *Lib. 1.*

tres Astres. Et mesme dés l'an 1300. le Dante [a] fait mention des quatres estoiles du *Cruzero* vers le pole Antarctique.

a *En son Purgatoire. c. 1.*

I mi vols' a man destra, & posi mente
A l'altro polo, & vidi quatro stelle
Non viste mai fuor ch'à la prima gente.

Crusero.

Ce qui ne se pouuoit obseruer que par l'Astrolabe, & en nauigeant dans l'Ocean Indique au delà de l'Equinoctial, puis que le *Crusero* s'estend iusqu'au 60. degré de latitude Australe, entre les iambes du Centaure. Et cela rabat assez le dire de *Freytas*, & de *Mafee* mesme.

Louange des Castillãs & Portugais en leurs nouuelles descouuertes.

Mais nonobstant toutes nos raisons, si ne faut-il pas frauder ces deux peuples les Castillans & Portugais de l'honneur & loüange qui leur est iustement deuë. Car bien que comme hommes ils ayent apporté beaucoup de defauts, & vsé de grands excez en la pluspart de leurs descouuertes & conquestes, si est-ce que le bien qu'ils ont causé au monde est tel, qu'ils ont donné la premiere cognoissance à nos Europeens de tant de choses incogneuës, rares & singulieres, & ont planté la Foy en des lieux si eslongnez, ayans seruy de tres-vtiles instrumens à la diuine prouidence, lors qu'il luy a pleu en ces derniers siecles, faire paroistre plus manifestement sa gloire & son nom d'vn bout de la terre à l'autre. Si bien que la posterité aura suiet d'admirer & haut-louër la prudence, dexterité, courage, resolution, patience, perseuerãce, & autres vertueuses qualitez de ces premiers descouureurs, qui au milieu des tenebres d'vn siecle assez barbare, ont eu l'esprit & l'audace d'entreprendre de si grandes choses que l'antiquité auoit ignorees ou negligees, & l'industrie & le bon heur encores d'en venir à bout. Et qui ne s'estonnera que deux petites poignees d'hommes, auec de si foibles commencemens & moyẽs, tant de contradiction des hommes & des elemens, soient paruenus à la cognoissance voire possession des deux extremitez du monde, & nonobstant tant de difficultez & dangers, s'y soient si bien maintenus iusqu'à present? Cela surpasse d'autant toutes les conquestes d'Alexãdre & des Romains, qu'elles se faisoient porter par terre, de proche en

Qualitez loüables des Espagnols.

proche, & par vne grãde puissãce d'hõmes & de richesses; Où ceux-cy ont penetré les mers effroyables & les Zones inaccessibles; & ce qui n'estoit point encor arriué, ioint l'Orient à l'Occident, & les deux bouts de la terre l'vn auec l'autre. Car on a veu d'vn costé les Portugais auoir passé le Palais des Gorgones, les *Iardins Hesperides*, le *Char des Dieux*, les Cymbales & sons estranges, & les feus estincelans de *Serrelyonne* & des *Melegetes*, & la *Corne d'Ostro* que l'ancien *Hanno* ne peut outrepasser; & de la doubler le Cap de Bonne-esperance, circuit l'Afrique, & arriuer iusqu'aux dernieres fins d'Orient où ils ont estably bon nombre de demeures & de peuplades. On a veu d'autre part les Castillans trauerser la grand mer Atlantique & descouurir des Mondes nouueaux, qui ont esté en admiration à celuy de deçà; & les vns & les autres remplir nostre Europe des richesses & curiositez de tout le reste de la terre, comme d'autant de despoüilles & de trophees de leur valeur & generosité. Ce qui a fait chanter en leur honneur à nostre Poëte [a].

Voyages des Portugais.

Voyages des Castillans.

[a] *En son poeme au Sieur de Villeroy.*

Mais

Mais auant que partir ie me veux transformer
Et mon corps fantastiq' de plumes enfermer,
Vn œil sous chaque plume, & veux auoir en bouche
Cent langues en parlant, puis d'où le iour se couche
Et d'où l'Aurore naist, Deesse aux belles mains,
Deuenu renommee, annoncer aux humains,
Que l'honneur de ce siecle aux astres ne s'enuole,
Pour auoir veu sous luy la nauire Espagnole
Descouurir l'Amerique, & fait naistre des cœurs
Masles, cœurs de rocher, dont les nobles labeurs,
Ont veu l'autre Neptune incognu de nos voiles,
Et son pole marqué de quatre grands estoilles,
Ont veu diuerses gens, & par mille dangers
Sont retournez chargez de lingots estrangers.

De sorte que ces deux peuples peuuent legitimement pretendre de posseder en paix ce qu'ils ont descouuert & gaigné auec tant de temps, de peine, de frais & de sang, & qu'ils maintiennent & gardent encor auec les mesmes difficultez & despences; & ne seroit pas iuste de les y troubler en quelque sorte que ce peut estre.

Espagnols en quoy biẽ & mal fondez.

Mais aussi ne sont-ils pas bien fondez de vouloir empescher les autres d'en faire autant sans courir sur leurs brisees, puis que le tout retourne à la gloire de Dieu & à l'vtilité de toutes les nations Chrestiennes. Et qui ne sçait aussi qu'ils nous doiuent moins enuier cela qu'à tous les autres, puis qu'outre que nous leur en auons les premiers monstré le chemin, ils recognoissent encor assez, qu'ils ne sçauroient suffire à equiper tant de flottes necessaires pour tels voyages, sans le secours de la France, qui comme vne bonne voisine & amie, leur fournit la meilleure & plus grand' part de ce qu'ils ont besoin, tant pour l'equipage & armement que pour les viures, & autres necessitez.

Secours de France leur est necessaire.

Mais ie finiray ce poinct par la teneur d'vne lettre escritte en l'an 1613. par la Reyne mere Regente au Roy de la grand'Bretagne sur le sujet de quelques vaisseaux François arrestez en Angleterre, pour auoir pris des nauires Espagnols dont ils auoient esté attaquez au deçà des lignes. Car là il est dit en termes exprés, Que le Roy n'a iamais recognu le Roy d'Espagne pour Roy & Seigneur des Indes & de l'Amerique, pour y auoir autant de droit que luy, comme y ont tous les autres Princes, qui ne recognoissent tous aucun traité de paix au delà du Meridien des *Essores* pour *l'Oest*, & du Tropique de Cancer pour le *Sud*; comme il se void par tous les traitez faits depuis le Roy François 1. & la practique ordinaire depuis ce temps-là. Et de fait, bien qu'entre les Mathematiciens, on ne soit pas encores bien d'accord de ce vray premier Meridien; les vns le mettant aux Canaries suiuant tous les anciens; les autres depuis, entre les Canaries & les Isles du Cap-verd; & en fin les modernes en l'isle *del Cuervo* des *Essores*, où l'on ne trouue aucune varia-

Meridien des Essores.

tion du compas a; si est-ce que l'on s'est principalement arresté en fait de marine, & de prises bonnes ou mauuaises à ces derniers; & mesmes les Espagnols ne denient pas le trafic libre à tous aux Essores, Canaries & Madere; encores qu'il y ait esté assez de fois contreuenu par eux; mais nos François maintiennent tousiours que les autres n'ont aucune superiorité, en la coste de *Barbarie*, *Cap blanc*, *Cap verd*, riuiere de *Senega*, *Gambre*, coste de *Guinee*, & autres lieux appartenans à diuers Roys Negres, & où les François peuuent aller & venir en loyale traite, & cependant les Espagnols ne laissent de les y mal traitter quand ils les rencontrent à leur aduantage: mais il faut esperer qu'il sera mieux pourueu à tous ces desordres-là de part & d'autre par leurs Majestez, estans en bonne paix & intelligence comme ils sont.

a *Suiuant la plus part des moderne, bien quelques-vns y en trouuent.*

§. 26. *Nauigations pour le commerce.*

MAIS pour reprendre nostre premier discours des Nauigations, outre celles de descouuerte & de conqueste, que nous auons dit, il s'en est fait encor entre nous de temps en temps pour le commerce seulement, par des compagnies particulieres de Malouins, Diepois & autres Terreneufuiers, pour les voyages de long cours, à l'exemple des Hollandois qui commencerẽt les leurs en Orient dés l'an 1594. & 95. sur les aduis qu'vn *Pierre Hout-man* deliuré des prisons Portugaises aux Indes, leur en auoit donné; comme ils ont fait depuis en Occident sur les memoires d'vn *Iean de Flessingue*, qui fit imprimer vn discours du profit que l'on y pourroit faire, & de l'ordre & chemin qu'il y falloit tenir.

Ez annees 1616. & 17. s'entreprit vn grand voyage des nostres pour l'Orient, à sçauoir de trois vaisseaux partis de Diepe, qui approcherent du Bresil & de la terre d'Ethiopie, moüillerent au Cap de Bonne esperance, passerent à celuy de *las Agullas* & sur l'isle de S. Laurens, tant qu'en fin ils arriuerent à *Sumatre*, puis à la *Iaue*, & nonobstant la contradiction des Anglois & Hollandois y trafiquans, ils furent bien receus du Roy de *Bansam*, qui leur promit toute faueur & *Voyage des François en la Iaue.*

protection pour le commerce. Depuis se firent en suite d'autres voyages sur la mesme route.

En 1621. au mesme temps que se fit la societé nouuelle des Estats pour l'Amerique, on establit en France la Compagnie du commerce pour les voyages de long cours en Occident, pour la pesche du corail en Barbarie, pour celle des moluës & balenes, & pour l'establissement des colonies en la nouuelle France. Cela fut ordonné par Arrest du conseil d'Estat sur les remonstrances & memoires de du Noyer S. Martin.

Compagnies du commerce en France.

Establissement nouueau.

En 1626. 27. & 28. à l'imitation de la case d'Inde d'Amsterdam & de celle de la Contractation de Seuile se sont faits les nouueaux & plus solides establissemens, pour la Nauigation par tout le monde, & specialement en Occident vers Canada & terres Neufues, & és Isles de *San-christoual*, la *Barbade* & autres des *Antilles*; chose tant de fois desirée & demandee comme vn des plus grands ornemens à cet Estat, & vne gloire immortelle pour ceux qui sont les autheurs & promoteurs d'vn si loüable dessein, que Dieu par sa grace veille faire reüssir aux fins comme nous auons desia touché cy-dessus, de remedier aux maux & inconueniens qui sont causez par la faineantise & le mauuais employ de la plus part de nos hommes. Ce sera le moyen par lequel on pourra paruenir insensiblement & comme de soy-mesme à ce grand effet de reformation qui tant de fois a esté proposé & demandé és Assemblées notables à Roüen en 1597. & 1617. & en celle de Paris en 1626. mais en fin tres-bien ordonné par le Roy en ceste annee de 1629.

Aduis necessaire pour ces entreprises.

Il faut bien aduiser toutefois que ce n'est pas assez d'entreprendre & de commencer telles choses, à quoy nostre nation est tousiours assez prompte & deliberee; mais il est encores necessaire d'y auoir bon ordre & conduite auec patience & perseuerance, afin de ne tomber plus aux inconueniens de mauuais succez qui iusqu'icy ont tousiours accompagné nos voyages de mer.

Instruction du sieur Pyrard.

De cela on en peut prendre de tres-bons aduis du sieur *Pirard* sur la fin de son liure des Indes Orientales, où il donne vne bien particuliere instruction pour tous ceux qui voudront entreprendre tels voyages ; & entr'autres il remarque les defauts tres-grands de nos François, tant pour leur desobeyssance aux Chefs, & pour leurs querelles entr'eux, que pour beaucoup d'autres fautes & desordres, à quoy toutes les autres nations sçauent mieux pouruoir. On a remarqué encor combien il est important, de tenir l'vne & l'autre mer nette des pirates & corsaires de Barbarie qui ruinent auiourd'huy tout le trafic de la Chrestienté ; Et tout cela doit estre puissamment appuyé de l'authorité Royale & publique, comme desia on a bien commencé d'y pouruoir par les ordonnances nouuelles [a], sur le faict de toute la marine de France.

Pirates d'Arger.

[a] en 1629. depuis l'article 410. iusqu'à 460.

Mais outre cela, il y a vne autre chose plus considerable & importante à nostre Roy & à la plus part des autres Princes Chrestiens ; de ce que le Roy d'Espagne, pour attirer à soy le principal trafic de l'Europe, a en

1624. estably à Madrid vn souuerain Conseil du commerce, & à Seuille vne Admirauté ou Compagnie pour le commerce de ses païs d'Andalousie & Grenade, auec les païs de Flandres qui luy sont obeïssans : comme aussi auec les prouinces Septentrionales. Ceste Admirauté est obligee d'entretenir vingt-quatre nauires de guerre. Et pour acheminer plus aysement ce negoce, il a fait que l'Empereur s'est joint à luy à mesme dessein: si bien qu'en l'an 1627. ils ont conioinctement enuoyé vne Ambassade aux villes de Lubec, la principale des Anseatiques, & Danzik, la plus grande de trafic du Royaume de Pologne, pour les inuiter auec les autres villes de la *Hanse* d'entrer en ladite Compagnie, auec offres de protection, priuileges, franchises & libertez ; qui est vn grand moyen pour attirer en Espagne tout le Commerce de la Chrestienté, à l'exclusion de tous les autres Princes & Estats qui y ont vn notable interest ; & de fait l'Empereur s'est desia puissamment estably à *Rostok*, *Vueymar*, & autres ports de la

Nouuelle compagnie de Seuille en 1624.

basse Saxe, pour de là se rendre maistre peu à peu de tout le trafic de la mer Baltique, & du passage du *Zondt*.

a Voy les memoires du feu President Iannin.

Sur quoy est à remarquer que dés l'an 1608 [a]. fut faite vne proposition au Conseil du feu Roy par vn nommé *Isaac le Maire* Tournaisien, pour establir vne Compagnie & Societé du commerce en France, à l'exemple de celle d'Amsterdam, dont il en donnoit les moyens fort faciles, tant pour le bon nombre d'experts pilotes & matelots tirez de France, que pour plusieurs bons ports commodes à entrer & sortit en toute saison; aussi par l'estime que tous les Orientaux faisoient de la France, dont ils esperoient tout secours contre leurs ennemis. Ceste entreprise fut iugee tres-vtile, commode & aysee, par la plus part, mais d'autres plus puissans ne pouuans gouster cela, alleguoient plusieurs difficultez, comme de ce que c'estoit vn voyage lointain, qui „requeroit beaucoup de temps, vn „grand soin, & autres conditions as„sez disproportionnees au naturel „des François; qui n'ont ny la perse-

Difficultez proposees, sur le naturel des François.

„uerance ny la conduite & la pre„uoyance requise à telles choses, & „qui ordinairement ne portent leur „esprit, vigueur & courage, qu'à ce „qui leur est proche, prompt & pre„sent. Et ces raisons eurent lors tant de force, que quoy que sceussent alleguer de meilleur à l'encontre les plus prudens & experimentez, tout cet affaire s'en alla à neant. Mais il en faut mieux esperer auiourd'huy sous la conduite & direction des plus sages & mieux informez par l'experience des choses passees, & l'estat des presentes.

Et nous voyons comme nostre Roy en son Ordonnance de 1629. exhorte & conuie ses sujets de former de bonnes & fortes Compagnies pour le commerce, à quoy il promet toute assistance & escorte de ses vaisseaux de guerre, soit pour la droguerie, harangaison & pesche des moluës & balenes, que pour tous autres voyages.

Art. 429. & 432.

Pource qui est du commerce de Leuant par terre, le sieur *des Hayes Courmesmin*, qui auoit desia fait quel-

Dessein de commerce en Perse.

ques voyages en Leuant, fut depesché par le Roy en 1626 [a]. pour auec la permiſſion du grand Seigneur aller eſtablir le commerce de France en Perſe, & là auec la licence de ce Roy faire vne reſidence à *Hiſpahan*, pour le trafic des ſoyes & autres marchandiſes venans là de plus loin, dont la correſpondance ſeroit à Marſeille; c'eſtoit auſſi pour la propagation de la Foy, le Roy ayant intention d'enuoier là des Capucins, les autres Religieux qui y eſtoient auparauant ne s'y eſtans pas ſi bien comportez. Pour cela on repreſentoit deux voies pour faire venir les marchandiſes l'vne par *Alep*, *Alexandrie* & *Smirne*; l'autre, que le Perſan par Carauanes les fit rendre de *Babylone* à *Alep*, où les François les iroient querir ſans crainte des Corſaires en y allant forts: & tout cela auec la bõne grace du grãd Seigneur, & non autrement. Mais le ſieur des Hayes ne trouuant à Conſtantinople telle diſpoſition qu'il deſiroit, fut cõtraint de reuenir sãs paſſer outre. Mais depuis peu il y a eſté renuoyé par vn autre chemin, à ſçauoir par Dãnemarc,

[a] Vey ſon inſtruction.

Hiſpahan.

Suede & Moscouie, pour auec la faueur de ces Princes passer de là par *Astracan* & Mer Caspie en Perse, pour y establir le commerce par ceste voye là; mais il seroit bien meilleur & sans mendier la grace de tant de Princes estrangers, d'aller tout droict à *Ormus*, qui est maintenant remis sous la couronne de Perse, & à l'exemple des Anglois & Hollandois qui y trafiquent, faire ce voyage par mer assez aysé auiourd'huy, & sans dependre de personne.

Ormus.

Pour le trafic de Russie, où nous auons dit que les Anglois & Flamans vont long temps y a, il est certain que nos François y ont eu aussi part autresfois, auec ceux de la Hanse & autres nations Septentrionales, car nous voyons que dés l'an 1498. & auparauant ces Anseatiques trafiquoiẽt à *Nouogrod* de Moscouie, & que lors à cause des tyrannies du grand Duc Iean Basile, ils cesserent d'y aller, & se contenterent de negocier à *Reualia* de Liuonie, où le negoce fut transporté, & où les Russes venoient librement faire eschange de leurs mar-

Voy Chytraus in Saxonia. ad an. 1578.

chandises auec les Allemans : mais ceux de *Reualia* voulans par vn nouueau monopole attirer à soy seuls tout ce trafic, & que les marchandises des vns & des autres ne peussent passer que par leurs mains, les Moscouites s'en pleignirent à leur Empereur, qui de fait prit ce suiet entr'autres de faire la guerre en Liuonie, & de prendre la *Narue*, où tout le trafic fut deslors transferé, tant pour les Moscouites que pour les marchands Allemans; de sorte que depuis l'an 1558. ce port fut fort frequenté, non seulement par ceux de la Hanse, mais mesmes par toutes autres nations de dehors, comme Anglois, Flamans, & nos François entr'autres; & lors le peage du Zondt estoit fort petit pour la mer Baltique; mais depuis les Anglois voyans qu'on l'auoit rehaussé de beaucoup, ce fut lors qu'ils s'ouurirent le nouueau chemin par le haut du Nort, comme nous auons dit, pour venir au port de S. Nicolas ; & nos François aussi delaisserent aucunement ce trafic à cause de nos guerres ciuiles, & fut proposé quelquesfois du temps des Admiraux de Chastillon & de Ioyeuse de le remettre, dont nous en esperons auiourd'huy l'execution sous la sage & heureuse conduite de ceux qui en ont la direction.

§. 27 *Voyages pour le cōmerce spirituel & les missions.*

Au nombre de ces voyages de trafic, peuuent estre mis ceux de quelques Religieux pour le commerce des ames & la propagation de la foy, comme de nos Capucins François au Bresil en 1612. des Iesuites & Recollects en Canada en 1611. & 1615.

Les Peres de S. Augustin, S. François & S. Dominique, ont de tout temps & ancienneté pris ceste charge des Missions, pour aller, ou enuoyez, ou d'eux mesmes, prescher la foy aux infideles: comme furent ceux qu'Innocent 4. & S Louys enuoyerent en Tartarie; mais depuis les descouuertes modernes, plusieurs Religieux de tous Ordres y ont esté enuoyez auec tresgrãd fruit. Entr'autres les Peres *Iesuites* ont esté des principaux, tãt pour estre destinez à cela par vn vœu particulier de leur Institut, que pour leur zele, courage, dexterité, patience, trauaux & souffrances en des voyages si

Iesuites & leurs voyages lointains.

lointains, iusqu'aux extremitez de l'Asie, Affrique & Amerique; & principalement en la *Chine, Iappon, Mogor*, Isles & costes de l'Inde Orientale, Ethiopie, costes d'Affrique, Bresil, & de nouueau és grands Royaumes de *Tibet, Yezo, Tunquim*, & ailleurs, comme on peut voir en leurs Relations modernes a. Mais parmy cela s'y est trouué peu ou point de François, par la seuere loy du Conseil d'Espagne, qui par vn secret d'Estat exclud des Indes, & principalement de celles d'Occident tous estrangers, & sur tous les François, pour leur oster toute cognoissance de ces pays-là, & par consequent le chemin & le moyen d'y aller.

a *Iarric, Codigne, Trigaut. Andrade, Almeide, Diaz, Baldinotl, &c.*

Voyage de Goes. *Voy Trigaut. l. 5. c. 13. Iarric l. 5. c. 29.*

Entr'autres est memorable le voyage en 1603. du Iesuite Portugais *Benoist Goez*, qui le premier que l'on sçache à penetré par terre depuis *Lahor* en Mogor iusqu'à la Chine par vn voyage de trois ans entiers, faisant plus de 4000. lieuës à trauers toute la haute Asie, par *Cascar, Cotan, Cialis, Camul*, &c. Et toutesfois on dit que c'est le voyage ordinaire des

Turcs

Turcs & Mores depuis Constantinople & Perse iusqu'au *Cathay*, au rapport du *Barbaro* [a] & de *Busbek* [b].

a En son voyage de Perse.
b En son epistre 4.

Voyage en Tibet.

Il y a aussi le voyage en 1624. & 1626. des Peres *Antonio Andrade* & *François Codigne* au grand Royaume du Tibet ou du *Cathay*, passans par les païs de *Seranagar*, & *Comao* en remontant le long du *Gange*, & à trauers les montagnes effroyables du *Taur* ou *Imaus* & *Vssonte*. Et là est fait mention des Royaumes proches de *Lodarea*, *Coqué*, *Ladac*, *Moriul*, *Rudos*, *Vtsana*, & autres dependans de celuy de *Tibet*, qui sans doute est le *Tebeth* de Marc Pole [c] & des autres historiens de ce temps-là. Leurs Prestres s'appellent *Lambos* ou *Lamas*, & leur religion est meslee du Christianisme auec beaucoup d'erreurs; & y a apparence que ce sont des restes de l'heresie de *Nestorius* qui auoit infecté tout l'Orient & les Indes, depuis Constantinople où elle auoit pris son origine. Et de fait ceux qui voyagerent en ces païs-là & en la grande Tartarie il y a enuiron 300. ans, y trouuerent force de ces Chrestiens Nestoriens, & le *Prestre-Iean* d'Indie tant re-

c l.1.c.37.

Nestorianisme en Orient.

Prestre-Jan d'Asie ou Vne.

p. 96.

Nn

nommé pour lors en estoit ; C'est celuy qui est appellé *Vnc* ou *Vncam* & *Vtcam* [a], autrement *Dauid*, qui dominoit vn grand Empire en ces Indes du Cathay, dont la ville capitale estoit *Caracarum*, qui fut depuis aux Tartares, apres que Cingis l'eust desfait, & conquis tous ses païs, enuiron l'an 1200. Ceste Relation du Pere Andrade fait aussi mention du grand Empire de *Sophos* ou *Sopo*, qui a cent Roys tributaires. Ce doit estre des restes de l'Empire du grand Cham de Tartarie, qu'il fait confiner d'vn costé à la Chine, & de l'autre à la Moscouie. Là sont aussi les Relations dernieres [b] de l'estat d'Ethiopie ou des Abissins, & du grand progrez que les Peres Iesuites y font, pour repurger le Christianisme de delà, des erreurs *d'Eutyche* & *Dioscore*, qui y ont passé autrefois d'Alexandrie, d'où les Patriarches ou *Abunas* leur estoient enuoyez ; & maintenant leur en est venu vn autre de Rome. Depuis peu on voit aussi la Relation de la descouuerte nouuelle [c] du Royaume de Tunquim au dessus de Chine & Cauchinchine.

L'on pourroit ioindre à cecy les voya-

a *Marc Pole l. 1. c. 51. Rubruquis c. 28. Hayton c. 16.*

Sopo Empire.

b *Des Peres Andrade & Almeide, de 1626. & 1627.*

Eutychianisme des Abyssins.

Voyag. du P. de Rhodes p. 79.

c *Du pere Baldinotti en 1626.*

ges tant de deuotion que de curiosité de plusieurs particuliers en Leuant, terre Saincte, Arabies, Egypte, & ailleurs, dont nous auons bon nombre de nos François depuis cent ans seulement, comme de *Salignac*, *Pierre Gilles*, *Belon*, *Nicolaj*, *Villamont*, *Boucher*, & autres que l'on voit imprimez.

Voyages de deuotio & curiosité.

POVR le regard des grands voyages de quelques particuliers és Indes depuis que le pas en a esté ouuert par les Portugais & Castillans, les autres nations, entr'autres nos François, en ont esté assez soigneux, soit pour le trafic, soit par simple curiosité de voir & d'apprendre, comme sont ceux de *Pirard*, *Moquet*, *Martin*, & autres mis en lumiere. Quant à Pirard, outre la description assez exacte des costes de l'Inde Orientale, d'Afrique & du Bresil, il en fait vne bien particuliere des Isles *Maldiues*, qui n'estoient quasi cognuës que de nom auparauant. *Moquet* a escrit les siens en la coste d'Afrique, riuiere des Amasones, Indes d'Orient, Marroc & terre Saincte.

§. 28.

Grands Voyages des Europeens, & des François entr' autres.

Maldiues de Pyrard.

A la verité les Flamans ont sujet de vanter leur *Linscot* pour l'Orient, & les

Linscot.

Espagnols leur *Martin Ignace* Cordelier, qui en l'an 1584. fut és Indes d'Occident, & de là par la Chine & Indes Orientales reuint en Espagne. Les Portuguais ont le *Texere*, qui en 1601. fit presque le tour du monde. Mais ces deux peuples n'ont rien de si admirable & prodigieux que leurs *Fernan Mendes Pinto*, & *Pedro Ordognez de Ceuallos*, comme les deux plus grands & aduentureux voyageurs par mer & par terre, qui ayent iamais esté parmy eux. Car ce *Pinto* Portuguais dés l'an 1537. vit en 19. ans toutes les costes d'Afrique & des Indes Orientales, auec leurs Isles, iusqu'au Iapon; Toutes les terres fermes & interieur *d'Ethiopie, Inde, Chine, Tartarie, Pegu, Sian, Cauchinchine, Siammon, Calaminam, Bramas*, & autres pays où il souffrit mille trauerses, naufrages & esclauages.

Pinto, & ses voyages imprimés en Espagnol & François.

Pedro Ordognez Castillan, employa 34. ans entiers en ses voyages depuis l'aage de 9. ans & vit les quatres parties du monde ayant fait vn tour & demy à l'entour de la terre & de la mer, où il a cheminé trente-trois mil lieuës. Il a veu toutes les parties de l'Europe ius-

Ordognez, & ses voyages, imprimés à Madrid en 1614.

qu'en Island: En Afrique, *Tunes*, *Marroc*, *Fez Congo*, *Ethiopie*, *Monomotapa*, *Cefala*, &c. En Asie, la *Syrie*, *terre-Saincte*, *Perse*, *Cambaye*, *Malabar*, *Narsingue*, *Bengale*, *Malaque*, *Pegu*, *Sian*, *Camboje*, *Champaa*, *Cauchinchine*, *Chine*, *Iapon*, *Philipines*, *Moluques*, & autres isles; toute l'Amerique Meridionale & Septentrionale: Il voyagea quelque temps en soldat, puis en Capitaine, & en fin en Prestre.

A ces deux insignes voyageurs nous en pourrions opposer, deux de nos François, dont les voyages ne sont encores en lumiere, à sçauoir le Breton *Malherbe*, & le Marseillois *Vincent blanc*. On y pourroit adiouster le sieur *de Feines* Prouençal, qui en l'an 1606. alla en Leuant, vit Alep, les deserts d'Arabie, la Chaldee, Babylone, Perse, Ormus: de là en l'Inde Orientale à Goa, & ailleurs, comme il dit en sa Relation non imprimee. *Feines.*

Quand à *Malherbe* de *Vitré*, il a employé plus de 27. ans en voyages par le Leuant, Asie, Afrique & Amerique, depuis l'an 1581. iusqu'en 1608. Il fut premierement dés l'aage de 15. ans en *Malherbe.*

Espagne, puis és Indes Occidentales, par toutes les Isles & terre ferme, és mers de Nord & de Sud, iusqu'au destroit de Magellan, où il vit & combattit contre les *Patagons* Geans: puis au Mexique & Perou, où il fut employé aux riches mines de *Potosi*: de là il passa par la mer Pacifique en Orient, par toute l'*Inde*, *Chine*, *Tartarie*, *Mogor*, *Indostan*, *Perse*, *Arabies*, *Babylone*, Terre-*Saincte*, *Alep*, &c. Il demeura plusieurs annees en la Cour du grand Roy de Mogor, Mahomet Ekebar, bien veu & carressé de ce Prince, de la Cour duquel, forces, richesses, puissance & magnificence, il contoit merueilles. Il fut aussi longtẽps en celle du grãd [a] *Xa Abaz*, Roy de Perse si renõmé en nos iours pour ses victoires & conquestes, tant sur le Turc que sur l'Vsbeg, le Mogor & autres voisins, & qui a regné prés de cinquante ans. Or ce Malherbe estant de retour de ses voyages à Paris en 1608. proposa au deffunct Roy de grands & faciles moyens de voyages tres-vtiles à la France; A quoy ce grand Prince, suiuant son naturel curieux, & son

Patagons Geans.

Ekebar Roy de Mogor.

a *Voy la Relation du sieur Pietro del la Valle en* 1628.

Propositiõs de Malherbe reiettees.

courage magnanime, euſt volontiers preſté l'oreille à bon eſcient, ſans quelques vns qui par ignorãce du dehors, aymans mieux tirer les moyens plus proches, que de les aller chercher au loing, empeſcherent vn ſi bon effect, qui euſt peu garentir cet Eſtat de tant de troubles & de malheurs qu'il a ſoufferts depuis. Ce fut en ce meſme tẽps qu'ils en firent autant ſur les propoſitions d'*Iſaac le Maire*, comme nous auons dit cy-deſſus. Mais Malherbe ſe voyant rebuté ſe retira en Eſpagne, où il a touſiours demeuré iuſqu'à ce que depuis peu de temps il en a eſté rappellé ſur le ſuiet de l'employ aux mines où il eſt tres-entendu; mais en fin il eſt retourné en Eſpagne ſans autre effect. Il n'a laiſſé aucuns eſcrits & memoires de ſes longs voyages, dont il ne reſte que ce qu'il en a dit autresfois de bouche à quelques curieux de ſes amis.

Vincent Blanc, & ſes diuers voyages.

Pour ce qui eſt de *Vincent Blanc*, c'eſt encores vne plus grande merueille, de ce que dés l'aage d'onze ou douze ans, il commença à voyager enuiron l'an 1570. & depuis n'a ceſſé preſque iusqu'à maintenant de continuer de temps en temps, & par reprises. Il a fait neuf ou dix voyages celebres en diuers temps par presque toutes les parties de la terre habitable. Il a bien veu entr'autres l'Inde Orientale & l'interieur de *Perse, Pegù, Bramas*, Tazatay, *Transiane, Sagistan, Chasubi*, & tout le dedans de l'Affrique, depuis le Cap de Bonne-esperance iusqu'en *Alexandrie* le long du Nil, depuis ses sources, par les terres du *Monomotapa*, du *Prestrejan* & de l'Egypte: puis tout le Royaume de *Fez* & *Maroc*, la *Guinee*, &c. Toute l'Inde Occidentale & ses Isles. Tout le Leuant depuis Constantinople iusqu'en Syrie, Egypte, & Arabies: les Isles de la Mediterranee; plusieurs fois par les Espagnes & Italie. Bref il a employé plus de cinquante ans en ses diuerses peregrinations. Son premier voyage de sept ou huict ans est prest à estre mis en lumiere. C'est par toute l'Asie & Affrique, depuis la *Syrie*, *Arabies*, *Perse & Indes*, iusqu'en la *Chine*, puis à trauers toute l'Affrique par *Cefala*, *Ethiopies & Egypte*. Il promet en suite

Voyage par Asie & Afrique.

celuy des Indes Occidentales.

Ces celebres voyageurs suffiront pour beaucoup d'autres qui ne sont venus à nostre cognoissance, mais ils surpassent de bien loing tous ceux que l'antiquité nous vante d'vn Appollonius [a] & d'autres. Et la posterité mesme s'en estonnera, & sera excitee par là à en faire dauantage, puisque suiuant le tesmoignage de la diuine parole, il faut que toutes les choses cachees soient en fin reuelees, & que le reste des pays du monde qui nous sont encor incognus vers le Midy & Septentrion, soit descouert, afin que la lumiere de l'Euangile y paruienne, & le nom de Dieu soit espandu d'vn bout de la terre à l'autre auant le second auenement de son fils.

[a] Apollonius Thyaneus en Philostrate.

Tout en fin descouvert.

MAIS il est desormais temps de reprendre le discours des Canaries, qui a donné suiet à toute ceste digression des Nauigations. Ces Isles sont estimees par quelques vns estre les *Hesperides*, dont les anciens ont tant conté de fables. Car pour les Iardins Hesperides, où ils disent que Hercule fut cueillir les pommes d'or,

§. 29. *Descriptiō des Canaries.*

Iardins & Isles Hesperides.

la plus part les logent en la *Mauritanie Tingitaine* au Royaume de Maroc sur le fleuue *Lix*, qu'on dit estre la riuiere de *Sus*, où le Cartageois Hanno passa, encores que d'autres les mettent vers la grand' Syrte en la Cyrenaique, où quelques anciens* ont mis la ville d'*Euesperie*: mais les Isles Hesperides qui est autre chose, conuiendroient mieux, ce semble à celles de l'Amerique[a], puisque les ancient faisans mention du voyage d'vn *Statius Sebosus*[b], disent qu'il employa 40. iours de Nauigation depuis les *Gorgones*, qui sont les Isles du Cap verd, iusqu'aux *Hesperides*, ce qui fait enuiron 800. lieuës, qui est à peu pres la distance qu'y trouua Colon. Là où des Canaries au Cap verd n'y a pas plus de 200. lieuës, ou huit iours de chemin: bien qu'il ne faille mesurer les voyages de ce temps-là à ceux d'auiourd'huy, & que les anciens ayent parlé assez diuersement & incertainement de toutes ces choses qui leur estoient si peu cognuës, & dont ils ne sçauoient que par ouy dire tel quel. Car si les Gorgades sont differentes des *Hesperides*, selon tous les

Ptolem. Stephan. Ammian.

a *Selon Ouiede, Belleforest, Popeliniere.*

b *Pline l. 6. c. 31.*

Gorgones Isles.

anciens a, & que celles-cy soient plus au Midy que les autres, & ces Gorgades soient vis à vis de la *Corne d'Hesperie*, à enuiron vne iournee de nauigation seulement; Il faudroit que ce fussent les Isles du *Cap Verd* assez proches de ce Cap mesme, plustost que de celuy *des Palmes*, pres lequel ne se trouuent aucunes Isles: Et en ce cas la coniecture de ceux qui prennent les *Hesperides* pour le nouueau monde eslongné du *Cap Verd* de 40. iours, ne seroit pas hors d'apparence: mais il y a tant d'autres raisons plus fortes à l'encontre, qu'on a plus de sujet de prendre les *Gorgones* & *Hesperides* pour vne mesme chose, si ce n'est que ces *Hesperides* au de là des *Gorgones*, fussent les *Açores* qui toutefois sont beaucoup plus Septentrionales & Occidentales, & partant ne peuuent conuenir en aucune sorte à ces situations des anciens. Mais quoy qu'il en soit les *Canaries* ou *Fortunees* furent assez cognuës des anciens, & les *Lusitaniens* y alloient d'ordinaire, ce qui en peut donner des nouuelles à Sertorius comme nous auons dit.

a *Marcianus, Plinius, &c.*

Ces Isles se trouuent apres la sortie

gauche

Situation des Canaries.

du destroit en la mer Atlantique ou du Nord, à la main droite, & assez proches d'Afrique, à enuiron 250. lieuës d'Espagne, y ayant entre-deux le grand golfe *de las Yeguas*, dit iadis *Occeanus Gaditanus*. Ptolomee a les met de 10. à 16. degrez de l'Equinoctial, si ce n'est que les nombres ayent esté corrompus, car elles sont depuis le 24. iusqu'au 27. estenduës de Leuant à Ponent par la longueur de 50. ou 60. lieuës : mais ceste situation de Ptolomee conuiendroit mieux aux Hesperides ou du Cap verd.

a l. 4. c. 6.

Ce qui a fait penser à quelques-vns non sans raison, que ces Fortunees des anciens ne sont les Canaries d'auiourd'huy, & que celles là estoient plus Meridionales : mais en chose si douteuse il vaut mieux se tenir à la plus commune opinion : Les anciens les ont appellees Fortunees à cause de la bonté de la terre & temperature de l'air, & Canaries pour l'abõdance de chiens qu'il y a en la grand' Canarie, ou pour les cannes de sucre, ou pour autre raison incognuë : car il semble que ce nom leur est plus ancien que la langue Latine n'y a esté cognuë, puisques Pline l'auoit jà pris de *Iuba* historien Afriquain.

Quelques-vns les ont mises au nombre de six, cõme tous les anciens, sinon que *Sebosus* separe les Canaries des Fortunees, dont il ne fait que deux à part, à sçauoir *Ora Solis* ou *Solia*, & *Planasia*, qui à ce cõpte sembleroient estre *Madere* & *Porto Santo*, assez esloignees des 7. Canaries: ce sõt celles ou Sertorius se vouloit retirer. Mais tous les autres font les Canaries & Fortunes vne mesme chose, sous les nõs a d'*Ombrio*, *Iunonia maior* & *minor*, *Capraria*, *Niuaria*, *Canaria*. Les autres b, *Aprosite*, *Heras*, *Pluitalia*, ou *Pluuialia*, *Casperia*, *Canaria*, *Centuria*. *Ombrio* est prise pour *Porto-santo*, qui est l'*Aprosite* de Ptolomee, ou selon d'autres, pour celle du Fer. *Iunonia* ou *Heras*, pour Madere: *Capraria* ou *Casperia*, pour Fortauanture: *Niuaria*, pour Tenerife ou Gomere: *Pluitalia*, pour Lancerote, ou le Fer. Auiourd'huy les vns en font sept, & les autres iusqu'à dix, & plus: à sçauoir la *Graciosa*, *Lancerota*, *Forteuentura*, *Palma*, *Gomera*, *Ferro* ou *Hierro*, *Tenerifa*, *Alegrança*, *Gran Canaria*, qui a donné le

Nombre de ces Isles.

a Plin, Solin, Capella.

b Ptolomee.

nõ à tout le reste. Cadamoste[a] en fait 7. d'habitees & trois desertes. Nostre histoire y adiouste celle de Loupes ou *Lobos*, & appelle *Lancelote* pour *Lancerote*, à cause d'vn *Lancelot Maloysel*[b] qui autrefois y auoit basty vn Chasteau. Pour Fortauenture, elle l'appelle *Erbanie*, Tenerise, *Enfer*, comme aussi font les Espagnols, à cause d'vn *Volcan* ou Montgibel qui y est: Puis y a *Roca*, *Santa Clara*, & autres desertes & Sauuages. Madere & Porto Santo en sont separees, estans de la couronne de Portugal, comme les Canaries sont de celle de Castille.

a *Lib. de Indica nauig.*

b *c. 31 de ceste histoire.*

Mœurs anciennes & modernes des Canariens.

Ce que les anciens racontent de leur beauté, fertilité, temperature, mœurs des Insulaires & choses semblables, s'accordent assez à ce que l'on en a trouué depuis. Comme du grand nombre de cheures, qui ont donné nom à *Capraria* ou Fortauenture; & de cela on fait force marroquins, suifs, formages, &c. Des peuples grands sauteurs & coureurs, agiles & dispos comme nos Basques, fort adroicts à tirer des pierres, & en assener où ils veulent: ils s'en seruent à la guerre, comme aussi de fleches & de dards, & n'auoient point d'autres armes quand nos François y arriuerent [a]. Les habitans estoient tous idolatres, adorans le Soleil & les Astres: Ils auoient la pluralité de femmes, & mesme ceste sale coustume de tenir à honneur & faueur que leurs Seigneurs couchassent la premiere nuict auec les nouuelles mariees; ce qui s'est trouué autrefois entre quelques peuples plus ciuilisez. Quand aussi quelqu'vn prenoit possession de la Seigneurie, il y en auoit qui pour honorer la feste, s'offroient volontairement à la mort, se precipitans auec beaucoup de ceremonies du haut d'vn rocher: c'estoit en l'Isle de *Tenerife*, où quand le Roy estoit mort, les principaux le portoient sur leurs espaules, & le mettans dans le tombeau disoient, *Depars toy en paix, ô ame bienheureuse* [a]. On dit [b] encor qu'en la grād' Canarie y auoit vn Temple nommé *Tyrma*, basty sur vn haut rocher, d'où par religion en chantant & dançant, ils se precipitoient, persuadez par leurs Prestres, que leurs ames deuien-

a c. 75.

Polygamie voy Cadamoste en sa nauig. 1. c. 5.

Estrange coustume.

a *Ez Relations de Purchas.*

b *Martyr. decade 3. c. 7.*

droient ainsi bien-heureuses apres leur mort, tant l'opinion de Religion bonne ou mauuaise a de force sur les esprits ; & que de nostre siecle ceste coustume estoit encor ; & le rocher mesme en a retenu le nom.

Canariens sans vsage du feu.

a Thouet. c. 5. Sameus. c. 12.

Quelques vns disent [a] que ces peuples estoient si grossiers auant qu'ils fussent descouuerts, qu'ils ne cognoissoiẽt point l'vsage du feu, & qu'à cause de cela ils mangeoient leurs chairs cruës, mais aussi les pouuoiẽt ils faire rostir au Soleil, cõme beaucoup d'autres. Pour leur creance [b] qu'elle estoit d'vn Dieu punisseur des meschans & guerdonneur des gens de bien. Ce que tous recognoissoient en general, mais ils diferoient en beaucoup d'autres poincts: Qu'ils rasoient leurs testes auec pierres aiguës comme caillous à fusil : Ne faisoient aucun cas de l'or & de l'argent: Que les femmes ne nourrissoient point leurs enfans elles-mesmes, mais ordinairement les faisoient alaiter par des cheures : Qu'ils estoient grands sauteurs & danceurs, labouroient les terres auec des cornes de bœufs & de cheures. Pour leur gouuerne-

b Voy Purchas tom. 5. c. 12.

gouuernement, qu'ils estoient regis par 190. hommes, qui auoient aussi la superintendance sur la Religion, prescriuans au peuple ce qui estoit du seruice diuin. Ils auoient aussi des Roys ou Ducs souuerains. Il estimoient que tuer vne beste, c'estoit la chose du monde la plus basse & vile; & pource faisoient faire cet office à leurs prisonniers ; & celuy à qui estoit escheu de ce faire; estoit separé de tout le reste du peuple, C'est ainsi qu'ils viuoient en la grand' Canarie.

Gouuernement des Canariens.

En la Gomere, ils tenoient à grand faueur & signe d'hospitalité de mettre leurs amis coucher auec leurs femmes,(comme Marc Pole [a] raconte du païs de *Camul* en Tartarie) & de receuoir les leurs en pareille courtoisie; & à ceste occasion les enfans des sœurs, non les leurs, estoient heritiers, ainsi qu'à Calicut, & autres endroits d'Orient.

a L.1.c.46.

Auant la venuë de Bethencourt & des François, l'idolatrie y regnoit par tout; les peuples y estoient fort barbares, & tousiours en guerre les vns contre les autres, se tuans & assom-

Mœurs des Canariens à l'arriuee des François.

mans comme bestes, & le plus fort estoit celuy qui emportoit la Seigneurie. Ils alloient presque nuds, estoient peu accostables, ne laissans les estrangers approcher de leurs isles. Les Espagnols & autres y faisoient des courses & pirateries, pour les attraper, & les mener vendre en Espagne comme des cheuaux. Pour eux ils ne tuoient point leurs prisonniers, mais ils s'en seruoient és choses les plus viles, tant qu'ils eussent moyen de se rachepter. C'est de ceux là que l'on apprit la situation de ces isles, leurs coustumes & façons, ce qui excita l'enuie de les aller conquerir. Nos François les esprouuerent assez bonnes gens en les traitant doucement. Ceux de la grand' Canarie estoient fort belliqueux, mais cruels & traitres: & en ceste isle seule y auoit plus de six mil gentils hommes, comme nostre histoire les appelle, & malmenerent quelquefois nos François qui y estoient allez en petit nombre.

Voye. 73.

c. 40. 60. 62. 80.

Choses singulieres de ces Isles.

Or entre les choses remarquables de ces isles, il y en a deux entr'autres: l'vne, qu'au milieu de Tenerife y a vne montagne tres-haute en pointe de diamant, qui iette le feu comme le *Mont-gibel* de Sicile, & y a bien quinze lieuës à monter, ce que l'on ne peut faire qu'en trois iours. Ce mont s'appelle *Pic de Tenerife* ou de *Terreyra* [a]; & de là on descouure plus de 50. ou 60. lieuës loin, & on en remarque aysement toutes les autres isles. On ne peut aller au plus haut que depuis la my-May iusqu'à la my-Aoust, à cause de l'excessiue froidure & des neiges, bien que ce ne soit qu'au 27. degré: mais la montagne tient lieu de Septentrion, ainsi qu'il arriue en assez d'autres lieux montagneux de la Zone Torride, comme és monts d'Atlas & de la Lune en Afrique, és *Andes* du Perou, & en ceux du Iappon. Quelques-vns ont pẽsé que ce mõt estoit l'Atlas si celebre des anciens, & qui a donné nom à tout ce grand Ocean de delà; mais il est plus certain que l'Atlas est ceste filiere de montagnes d'Afrique, que l'on appelle auiourd'huy *Montes Claros*, & que ceste histoire appelle *mons de Clere*. Sur ce mont de Tenerife, on trouue encor des neiges au mois de

Mont ou Pic de Tenerife, voy ch. 68.

a *Voy Cadamoste, Garibay, Purchas.*

Atlas.

May, ce qui a donné ſujet aux anciens d'appeller ceſte Iſle *Niuaria* ou neigeuſe; mais cy-apres nous verrons vne plus particuliere deſcription de ceſte montagne & de tout le reſte de l'Iſle.

Arbre d'eau en l'iſle de Fer.

Voy Benzoni, Sanutus, Oviede, &c.

L'autre merueille eſt en l'iſle de Fer, où il n'y a aucune ſource d'eau de riuiere ou de fontaine, ny de pluies meſme, ains ſeulement ce qui diſtille perpetuellement d'vn ſeul arbre touſiours couuert d'vn nuage & broüillars eſpais, qui l'en fournit abondamment. Cet arbre eſt touſiours verdoyant, & au deſſous y a vne ciſterne qui ſert pour l'vſage tant des hommes que des beſtes de toute l'iſle. *Louys Iacſon* Anglois, dit [a] auoir veu & conſideré curieuſement cet arbre en 1618. Qu'il eſt gros comme vn cheſne, l'eſcorce ſemblable à vne piece de bois endurcie, ayant ſix ou ſept braſſes de haut; les branches eſtenduës & entr'ouuertes, la fueille de meſme que celle du laurier, blanche par le dedans & verte par dehors. Il ne porte ny fleurs ny fruit, & eſt ſitué ſur le penchant d'vne montagne, ſechant & fleſtriſſant de iour, & diſtillant toute la nuit: car lors la nuë eſt ſuſpenduë ſur

[a] *Purchas. tom.1.c.12.*

iceluy. Ceste eau tombe dans vn estang ou reseruoir fait de brique, & paué de pierres fort espaisses, où l'eau est conduite par des canaus de plomb depuis le pied de l'arbre; & de là est diuisee en plusieurs autres reseruoirs qui sont par toute l'isle; le grand reseruoir peut contenir enuiron vingt mil tonneaux, & est remply en vne nuit. L'isle est peuplee de quelque huit mil ames; & de plus de cent mille bestes.

Arbres d'eau en l'isle de S. Thomas, Voy Purchas, Ramusius, &c.

On conte vne mesme merueille de l'isle de S. Thomas sous la ligne, où au milieu d'icelle y a vne montagne toute couuerte d'arbres, tousiours ombragez d'vne nuée espaisse, qui les moüille en sorte, que l'eau en distille suffisamment pour arrouser leurs champs pleins de cannes de sucre; & y a 70. engins ou maisons de manufactures de sucres, chacune desquelles a deux & trois cens esclaues qui en dependent & y trauaillent.

Ces arbres distillent continuellement, ou celuy de l'isle de Fer ne coule que depuis midy estant couuert de ceste nuée qui continue iusqu'à deux heures deuant iour: Et lors le corps, les branches & les fueilles suent & iettent ceste liqueur, iusqu'à deux heures apres soleil leué. Vincent Blanc en ses voyages non imprimez, conte le semblable de certains arbres qui sont en vne vallee profonde au Royaume de Narsingue. On peut adiouster vne autre singularité de ces Isles, que ceste histoire remarque [a], qu'il ne s'y trouue aucunes bestes venimeuses, comme au Bresil, ainsi que nous auons representé cy-dessus.

a *ch. 53.*

Connils en abondance.

En la grand Canarie le sol est tres-fertile pour pasturages & pour labour, & y a si grand nombre de connils qui y ont multiplié de ceux qu'on y a portez de terre ferme, qu'ils gastent les bleds & les vignes. On en dit de mesme de l'Isle de *Porto Santo* prés Madere, où les habitans ont esté quelquefois reduits à ne se pouuoir plus deffendre du dommage que leur faisoiẽt ces petits animaux, & y a vne petite isle proche qui ne produit autre chose; inconuenient qui a autrefois fait quiter la demeure à plusieurs peuples [b].

b *Pline l. 8. c. 29.*

Madere, voy Cadam. Nauig. l. c 4.

Madere est la plus grande de toutes ces Isles ayant 140. mil de tour, & vne ville nommee *Fouchal*, qui est vn

Euesché dependant du Metropolitain de Lisbone. Les forests qui luy ont donné le nom de *Madera*, furent vne fois si furieusement embrasees, que les habitans furent contraints pour vn temps de se ietter dans la mer, pour se sauuer de la violence du feu & de la chaleur, qui causa apres vne telle gresse à la terre, qu'au commencement elle rendoit soixante pour vn, & depuis encor la moitié. Les grappes de raisins y sont longues *Num. 13. 24.* de deux & trois pans. Il y auoit des pigeons qui se laissoient prendre d'eux-mesmes, ne cognoissans pas, & pource ne craignans pas les hommes. Il s'y fait quantité de sucres, & meu- *Sucres.* lent & escrasent les Cannes, dont apres ils font boüillir le jus. Le sucre qui se fait là est plus blanc que celuy de S. Thomas; mais la grand abondance en vient du Bresil, que l'on prend par deçà pour sucre de Madere. A ces sucres ils donnent plusieurs cuissons, & plus il est cuit & purgé de ses faisses & escume, plus il est pur, & monte ainsi à diuers degrez de bonté: la troisiesme cuisson le rend blanc &

dur;la quatre & cinquiesme,candit & comme de l'alun.

Ce n'est pas d'auiourd'huy que ces Isles sont abondantes en sucres, puis que les anciens l'ont desia remarqué de leur temps, mesmement Solin [a], quand il dit,que là croissent certaines tiges & Cannes blanches de la grandeur d'vn arbre, qui rendent vn suc & vne liqueur fort agreable à boire, ce que le sieur de Saumaise interprete fort bien des Cannes de sucre.

a c. vlt.

V. p. 221. 223.

Madere quand descouuerte.

Quant à la premiere descouuerte de Madere, les Relations Angloises portent, qu'en l'an 1344. vn Anglois nommé *Macham*, ayant enleué vne femme qu'il aymoit s'enfuit d'Angleterre auec elle en vn vaisseau, & pensant se sauuer en Espagne, fut porté par la tempeste en ceste Isle, où il ancra en vn port appellé depuis *Machico* de son nom : Et ceste femme se trouuant mal, pour la fatigue de la mer & du long chemin, il descendit en terre auec elle & quelques vns des siens : mais sur cela le vaisseau ayant trouué le vent à propos fit voile sans les attendre. Cependant la femme

Macham & son aduenture. voy Hakluit 2. to. part. 2.

estant morte de maladie & de regret, le pauure & desolé Macham se consola au mieux qu'il peut, & faisant de necessité vertu, bastit là vne petite chapelle en forme d'hermitage du nom de IESVS, où il enterra sa femme, & luy mit vne tombe, sur laquelle il graua son nom, celuy de sa femme, & toute sa pitoyable histoire: puis du mieux qu'il peut se fit vn petit basteau du bois qu'il trouua là, & s'embarquant auec les siens, sans voile ny mast, fut porté en la coste d'Afrique, où il fut rencontré par quelques Mores, qui tenans cela à miracle le presenterẽt au Roy du païs, qui l'enuoya par merueille au Roy de Castille. Et sur le recit que fit alors cet homme de son voyage aduentureux, plusieurs furent excitez du desir d'aller descouurir ceste Isle: ce qui toutefois n'arriua que quelque 80. ans apres, par *Iean Gonsalue* & *Tristan de Vaz* Portugais, en l'an 1420.

A quarante mil de Madere est Porto Santo, isle descouuerte en 1428. Elle fut prise & pillee en 1496. par l'Anglois *Amias Preston*.

Fertilité des Canaries.

En fin ces isles sont fertiles en tout, en bleds, vins excellens, sucres, cires, miel, fruits, & animaux, comme tesmoignent tous les historiens Espagnols. Le trafic principal du temps de nos François estoit de cuirs, suif, sang de dragon, & *Oursole* [a] pour les teintures.

Oursole.

[a] *Voy és ch. 36, 40, 70.*

p-228-231-232-233-234-237-264

Nostre Bethencourt trauailla beaucoup pour leur conuersion, & y vsa d'vne grande douceur, & de beaucoup d'industrie, comme l'on peut voir par toute ceste histoire. Il ne peut conquerir & conuertir que quatre de ces isles, à sçauoir *Lancerote*, *Fortauenture*, *Gomere*, & *le Fer*: le reste fut conquis depuis par d'autres, comme nous dirons. Auiourd'huy les habitans de ces isles sont meslez d'Espagnols & de naturels du païs qu'ils appellent *Guanchas*, qui sont façonnez aux mœurs d'Espagne. Ce qui empescha que la grand'Canarie, Tenerife, & la Palme ne furent si tost conquises par les Chrestiens, ce fut la grand vaillance & cruauté de leurs habitans, les ports & aduenuës peu commodes, les costes dangereuses, & les hautes &

Quatre de ces isles conquises par Bethencourt.

Grande Canarie quelle.

difficiles montagnes; & eut-on bien de la peine à venir à bout de tout cela. Ces isles ont vn Euesque, & le fut au dernier siecle vn *Melchior Canus* grād Theologien. La grand Canarie est la Capitale, & le siege de l'Euesque, de l'Inquisition, & de l'Audience ou Parlement de toutes ces Isles: il y a plusieurs Monasteres de l'Ordre de S. François. L'Eueſché despend du Metropolitain de Seuille en Andalousie. La ville principale de Tenerife est *Laguna*, fortifiee de trois bons chasteaux, dont l'vn qui defend le port est appellé *Graciosa*. Ceste ville auec ses forteresses furent en l'an 1599. prises & pillees par les Hollandois, qui en firent apres de mesme a Gomere; mais ils quitterent tout ne les pouuans garder.

Eueſché des Canaries.

Laguna en Tenerife.

Ces isles sont à enuiron douze lieuës au plus pres de la terre ferme d'Afrique vers le Cap *Boiador* proche de Fortauēture; & à enuiron 60. lieuës au plus loin des autres. Lancerote est la premiere qui se rencontre en venāt d'Espagne, & en a quelques moindres à l'entour comme *Santa Chiesa*, *Ale-*

Canaries proches d'Afrique.

grança, Lobos, Graciosa, Roca: Fortauenture est la plus grande ; Tenerife la plus peuplee. La grande Canarie à de circuit 40. lieuës, & enuiron neuf mil habitans: On met iusqu'à 13. de ces isles, dont il n'y en a que sept d'habitees.

Mais pour vne plus particuliere cognoissance de ces Isles, ie me contenteray de rapporter ce qui a esté tiré des Nauigations Angloises de *Hakluit* & *Purchas*. A sçauoir vne relation de certains marchans Anglois trafiquans aux Canaries en l'an 1526. & vne autre d'vn Cheualier Anglois de l'Isle de Tenerife en particulier.

DESCRIPTION DES CANARIES de l'an 1526. par vn nommé Thomas Nicols, ou Midnal, facteur Anglois[a].

a Voy Hakluit 2. partie du 2. tome.

§. 30. *Canarie Isle.* L'ISLE de Canarie est presque esgale en longueur & en largeur, & contiẽt enuiron douze lieuës de lõgueur. Les Espagnols croyent l'auoir descouuerte, nauigeans vers l'Amerique. Les Portugais soustiennent que c'est eux faisans leurs voyages vers l'Æthiopie & Indes Orientales.

Mais la verité est que ç'ont esté les Espagnols, assistez de plusieurs gentilshommes Anglois *, dont les descendans la possedét iusques à present. Aucuns estiment qu'elle a esté appellée Canarie à raison de la quantité de chiens qui furent trouuez en icelle: mais i'ay souuent ouy dire aux anciens habitãs qu'elle a esté ainsi nommee à cause d'vne espece de Canne ou roseau à quatre carres qui croist en abondance en ces Isles-là, de laquelle sort vn laict qui est vne tres-dangereuse poison, & que plusieurs de ceux qui premierement la conquirent en furent empoisonnez, mesme que beaucoup d'annees depuis la conqueste de ceste Isle, l'on a commencé à y planter vignes & cannes de sucre: de sorte que ladite Isle ne peut auoir pris son nom desdites cannes de sucre.

Canaries par qui descouuertes.

** Mais plustost par les François.*

V. p. 216.

Nom d'où.

Les naturels desdites Isles furent nõmées Canariens par les conquerans, leur habit estoit de peaux de cheures en façon de lõgues cazaques; leur ha-

Habits & demeure.

bitation és rochers, viuans au reste en grande amitié & concorde; leur
Langue. langage estoit vniforme en tout & par tout: leur pitance ordinaire estoit de chiens chastrez & de laict de cheures: leur pain d'orge, pestry en laict de che-
Gosia. ure, qu'ils appelloient *Gosia*, & en vsent encore à present, dont i'ay moy mesme mangé, car il est fort sain.

Origine. Aucuns estiment que ce peuple est originaire d'Affrique, & que de là ils furent releguez par les Romains en ces Isles cy, qui leur coupperent premierement la langue pour auoir blasphemé contre leurs Dieux.

L'Isle de Canarie est la principale de toutes, non pas tant à cause de sa fertilité & abondance, que d'autant que là est le siege du gouuernement de toutes les autres: elle a son Gouuerneur particulier, toutesfois y a aussi en icelle certains Officiers appellez
Iustice. Auditeurs, qui iugent souuerainement auec la mesme Iurisdiction que les Chancelleries ou Parlemens ont ailleurs.

La ville où ils ont leur seance s'appelle Cité des *Palmes*, & là viennent par appel toutes les autres Isles.

Là sont aussi residés certains Escheuins ou Consuls qui ont tres-grande authorité au maniement des affaires publiques, & ont leur Iurisdiction à part. La ville est belle, & les habitans propres & curieux en leurs habits: & quelque pluie qu'il aye fait, on s'y peut promener sans incommodité, d'autant que les ruës ne sont que sable, & que l'air y est for temperé. *Escheuins.*

Ils recueillent leur forment en Feurier, & de rechef en May, il est excellent, & le pain en est tres-blanc. En ceste Isle de Canarie sõt encores trois villes, sçauoir *Telde*, *Galder* & *Guia*, & & y a aussi douze maisons où se fait le sucre, lesquelles ils appellent *Ingenios* ou Engins. *Telde dont est parlé au ch. 62. & 69.*

Le sucre croist cõme ie vous vay dire. Vn bõ fonds de sucre y porte neuf fois en dix-huict ans. Le premier fruit est appellé *Planta*. Ils couchẽt la plante le long d'vn rayon assez profond, en sorte toutefois que les racines estant couuertes de terre puissent commodement estre arrosées tant de la pluie qu'autrement, chaque racine produit *Sucres.* p. 216.

plusieurs cannes. Ceste plante est deux ans sans faire profit à son maistre [a].

a Contre ce que Theuet escrit qu'il ne luy faut que 6 mois.

L'on coupe ces cannes entre deux terres, & apres les auoir etetées & esfeuillées on en fait des fagots, & ainsi les porte l'on où se fait le sucre pour y estre pressées en vn moulin: ce qui en decoule est receu dans vn grand vaisseau faict expres, où ils le font bouïllir iusques à ce qu'il s'espaississe, puis le mettent dans vn fourneau fait de pots de terre, en forme de pains, puis est porté en vn autre lieu où ils le nettoyent & purifient auec vne espece de terre glaise qu'ils estendent dessus. De ce qui demeure dans le chauderon ils en font vne autre maniere de sucre, qu'ils appellent *Escumas*, & de ce qui sort du sucre blanc ils en font vne troisiesme espece, & ce qui en reste est appelle *Panela* ou *Netas*. Finalement le rebut de toutes ces sortes de purifications & affinements est appellé *Remiel* ou *Malasses*, dont ils font vne autre sorte de sucre qu'ils appellent *Rafinado* ou rafine.

Sucre comment se fait.

Quand ce premier fruict nommé

Planta

Planta, a esté cueilly de la façon que nous auons dit, ils bruslent le lieu où il a creu, auec paille de cannes iusques aux souches des premieres cannes; Et ainsi le labourent & cultiuent soigneusement, tant qu'au bout de deux autres annees ils iettẽt vn second fruict qu'ils nomment *Zoca*; & ainsi consequemment de deux ans en deux ans, iusques à ce que la plante estant trop vieille, il la faut replanter ailleurs. *Zoca.*

Ceste isle de Canarie produit de tres-bons & excellens vins sur tout en la ville des *Telde*; elle abonde en plusieurs sortes de bons fruits comme *Batatas*, Melons, poires, pommes, oranges, citrons, grenades, figues, pesches; mais sur tout en *Plantano* [a]. C'est vn arbre qui ayme les riues des eaux; il ne croist pas gros, s'esleue droit, & a ses feuilles grandement espaisses, longues quelquefois, sur tout vers le sommet de deux aulnes, & presque demy-aulne de large. Il ne porte iamais de fruit qu'vne fois, puis on le coupe, & ses racines en poussent vn autre. Chaque arbre à trois ou quatre branches qui portent plus ou moins de fruit, com- *Vins & fruits.*

a *Plantano sorte de palmier. Voy Solin ch. dernier. Pline l. 6. c 32. & là dessus le sieur de Saumaise. p. 1319.*

me trente ou quarante pommes qui ressemblent bien fort au concombre; estant meur il tire sur le noir, & est plus delicieux à manger qu'aucune confiture qu'on sçauroit faire.

Ceste isle abonde en bœufs, vaches, chameaux, cheures, brebis, chappons, poules communes & d'Inde, pigeons, perdrix rouges: le bois est la chose dont il manquent le plus, son esleuation est de vingt sept degrez.

Tenerife.

L'esleuation de ceste isle est de vingt sept degrez & demy. Elle est distante de la precedente de douze lieuës vers le Nord, & contient dix-sept lieuës de long. La terre y est releuée en forme de costaux, & au milieu d'icelle se voit vne montagne grandemẽt droite & rõde qu'ils appellent *Pico de Tenthe*, dont la situation est telle a; sa pointe est fort droite & contient en hauteur quinze grandes lieuës, qui reuiennent à plus de quarante cinq milles Angloises: Elle iette souuent feu & soufre iusques à pres de demy lieuë à l'entour, & est en for-

Pico de Tereira.

a Voy 6. 68.

p. 211

Mont de feu.

me de chauderon : deux milles és enuirons vous ny voyez que cendres, & pierres ponces : deux milles plus bas vous y trouuez vn païs qui toute l'annee est couuert de neige, & plus bas s'y rencontrent quantité de grands & puissans arbres qu'ils appellent *Vinatico*, dont le bois est grandement pesant & solide, qui mesmes ne pourrit point dans l'eau, y demeurast-il des milliers d'annees. Ils ont vne autre espece de bois qu'ils appellent *Barbuzano*, qui a les mesmes proprietez, outre plusieurs pins & sapins. Au dessous desdits arbres vous trouuez grande quantité de lauriers qui contiennent dix ou douze milles de païs, choses tres-delectable aux voyageurs : Car outre leur perpetuelle & gaye verdeur, s'y nourrissent infinis oysillons qui chantent tres-doucement, & entr'autres vous y en voyez vn qui ne ressemble pas mal à vn moineau, sinon qu'il porte en la poictrine vne petite tasche fort noire de la grandeur d'vn denier, son chant est plus agreable que d'aucun autre : mais il ne peut viure enfermé. Ceste isle porte plusieurs sortes de fruicts cô-

Vinatico. p. 235.

Lauriers.

Serins.

me la precedente, & produit ainsi que toutes les autres certains arbrisseaux desquels sort vne liqueur blanche semblable à du laict, qui finalement s'espaissit tellement qu'ils en font vne glus excellente qu'ils appellent *Taybayba*. Ceste isle donne aussi vne autre arbre nommé *Drago*, qui croist sur hauts rochers, & si vous l'incisez au pied vous en tirez vne liqueur rouge comme sang, qui est vne drogue fort commune chez les Apoticaires : le bois de cest arbre est bon à faire des targes ou boucliers grandement estimez, d'autant que l'arme qui les frappe y demeure si bien attachée que difficilement la peut-on arracher.

Taybayba glus.

Sang de dragon.

Ceste isle abonde plus en bleds que toutes les autres, & est souuent leur mere nourrice. Là croist aussi sur hauts rochers certaine espece de mousse propre à faire taintures, qu'ils appellent *Orchel*. Vous auez en ceste isle douze engins à faire sucres, qui en font grande quantité, vous y trouuez aussi vne espace de terre entre deux villes *Larotau* & *Rialeio*, contenant vne lieuë de païs, dont la pareille ne se rencontre

Oursole.

Terre admirable.

pas peut estre en tout le monde : la raison est qu'elle produit eaux de roche en abondance, grains de toutes sortes, soye, lin, cire, miel & fruits, auec quantité de sucres, & de bons vins, & bois à brusler; Et de là se prennent les vins pour les Indes Occidentales, le meilleur desquels croist sur vne coste nommée *Ramble*. *Vins.*

Ceste isle est embellie d'vne belle ville à trois lieuës de la mer, proche d'vn lac, nommée *Laguna*. Elle contient deux parroisses, & est la demeure du Gouuerneur de l'isle. Là sont aussi certains officiers establis au maniement de la police qui acheptent leurs offices du Roy. La pluspart des habitans sont gentils-hommes, marchans ou laboureurs. Vous y auez aussi quatre autres villes, sçauoir *Santa-cruz*, *Larotaua*, *Rialejo*, & *Garachico*. *Laguna.*

Auant la conqueste de ceste isle elle estoit gouuernee par sept Roys qui habitoient en des caues ainsi que le reste du peuple; leurs habits estoient de peaux de cheures, comme ceux de Canarie. Ils se nourrissoient de mesme. Leurs sepultures estoient en des caues *Rois.*

p. 255. *Morts comme enterrez.* où ils dressoient leurs corps debout contre les murailles, & aux plus honorables donnoient vn baston en la main, & vn vaisseau plain de laict pres d'eux: I'ay quelques fois veu trois cens de ces corps en vne mesme caue, dont la chair s'estoit tellement desseichée qu'ils ressembloient à du parchemin *.

** Purchas dit auoir veu deux de ces corps à Londres. tom. 5. c. 12. §. 2.*

Ce peuple estoit appellé *Guanches*, dont le langage estoit totalement dissemblable à celuy des Canariens, comme aussi chacune de ces Isles là auoit son langage particulier. Cependant le Lecteur remarquera que l'Isle de Canarie, de *Tenerife*, & de la *Palme*, sont sous la domination du Roy d'Espagne, & luy payent chacun an cinquante mil ducats: elles n'ont qu'vn Eueſché qui vaut douze mil ducats de rente à son Euesque.

Langues diuerses, voy cha. 43. & 67.

Gomere.

Gomere. L'Isle de *Gomere* tirant vers l'Ouëst est distante de six lieuës de la precedente, & ne contient que huict lieuës de longueur. C'est vn Comté qui a sa Iurisdictiō particuliere qui en cas d'appel resortit au Parlement de Canarie. La principalle ville porte le nom de l'Isle. C'est vn tres-bõ port où la Flotte des Indes va prendre raffraichissement. Elle fournit assez de grain & de fruicts pour ses habitans. Il y a vn engin à sucre auec quantité de vins & sucres, semblables à ceux de Canarie & de Tenerife. Il y croist de l'Orchel: son esleuateur est de vingt sept degrez. 5.218.

Palme.

Ceste Isle est loing de la precedente d'enuiron douze lieuës vers Norouest; elle abonde en vin & en sucre; vous y auez vne ville du nom de l'Isle où il y a grand abord de vins qu'on charge pour les Indes Occidentales & autres lieux. En cette ville là y a vne belle Eglise, & a son Gouuerneur & autres Officiers qui rendent la Iustice; & aussi vne autre ville nommée *S. André*, & quatre engins où se fait de tres-bon sucre, deux desquels sont appellez *Zauzes*, & les deux autres *Tassacort*: elle ne fournit pas beaucoup de bleds, qui y sont plu-

Le Comte de Palme est de la maison de Bocanegra & Portocarrero.

ſtoſt apportez de Tenerife & autres lieux.

Leurs meilleurs vins croiſſent en vn lieu appellé *Brenia*, où s'en recueillent chacun an plus de douze mil pipes, ſemblables à Maluoiſie : elle eſt ronde, & contient en circuit prés de vingt-cinq lieuës : elle abonde en toutes ſortes de fruicts comme les deux precedentes, & eſt diſtante de l'Equateur de vingt ſept degrez & demy.

L'Iſle de Hierro, ou de Fer.

Elle n'eſt diſtante de la precedente que de dix lieuës, ne contient que ſix lieuës de circuit, & ainſi eſt de fort peu d'eſtenduë : elle appartient au Comte de Gomere.* Sa principale marchandiſe eſt de cheures & d'orchel, elle n'a aucunes vignes, ſinon celles qu'y a iadis planté parmy des rochers vn Anglois nommé Ian Hill : vous n'y trouuez aucune eau douce, fors qu'au millieu de l'Iſle, croiſt vn certain arbre qui a les feuilles ſemblables à l'oliuier, au pied duquel y a vne ciſterne. Cet arbre eſt

** Comte de Gomere de la maiſon d'Ayala.*

continuellement couuert de nuées, & de ses feuilles degoute perpetuellement de tres-bonnes eauës dans ladite cisterne, qui suffit tant aux habitans qu'au bestial de l'Isle: son esleuation est de vingt-sept degrez.

Eau d'arbre, voy ch. 65. & §. 29.

Lanzarota.

Ceste Isle est distante de Canarie vers le Sud de dix-huict lieuës. Elle ne fournit marchandise quelconque sinon chairs de cheures & orchel: c'est vn Comté qui appartient à *Dom Augustin de Herrera*, auec tiltre de Comte de *Fortàuenture* & *Lanzarote*. Il a sa Iurisdiction particuliere, neantmoins ses subiets peuuent en appeller au Parlement de Canarie, d'autant que combien que le Roy d'Espagne ait retenu pour soy les trois plus fertiles de ces Isles là, comme nous auons dit, si s'est il aussi reserué la souueraineté sur toutes les autres.

Comte de Lancerote.

De ceste Isles par chacune sepmaine arriuent à Canarie, Tenerife & Palme chairs de cheures sechées, qu'ils appellent *Tussineta*, qui leur sert de lard, & est vn fort bon manger: son esleuation est de vingt six degrez, & contient douze lieuës de longueur.

Fort-auenture.

Cap d'Aguer. Ceste Isle est distante de cinquante lieuës du Cap de *Guer*, qui est de la terre ferme d'Afrique, & vingt quatre de l'Isle de Canarie vers le Nort. Elle appartient à vn Seigneur qui en porte le nom. Elle est assez fertile en froment, orge, vaches, cheures, & Orchel, & contient quinze lieuës de long & dix de large, & à costé d'icelle vous en auez vne autre petite appellée *Graciosa*, distante d'vne lieuë de la grande. *Graciosa.*

Ce que i'ay dit des isles susdites est de ma propre science & experience, comme ayant demeuré en icelles par l'espace de sept ans, employé aux negoces & affaires des seigneurs *Anthoine Hukman* & *Edouard Castelin*, en leur temps gens d'authorité & de credit parmy les marchands de Londres.

Madere.

L'esleuation de ceste isle est de trente deux degrez ; & est distante de soixante & dix lieuës de l'isle de Tenerife vers le Nord, & autant vers le Sud du destroit de *Gibraltar*. Elle fut premierement descouuerte par vn Anglois nommé *Macham*, & depuis conquise & habitee par les Portuguais. Elle fut premierement appellée Madere à raison de la grande quantité & diuersité de bois qui y croist, comme cedres, cypres, *Vinatico, Barbuzano*, pins, &c. ce qui luy continuë encore le mesme nom. Combien qu'il y en ait qui estiment qu'entre ladite isle de Madere & celle de Palme, s'en trouue vne autre non encore descouuerte, qui est la vraye isle de Madere, appellee *S. Brandon*. Ceste isle de Madere fournit annuellement au Roy de Portugal grandes finances : elle a vne belle ville nommée *Fouchal*, laquelle est accommodée d'vn beau & commode haure, fortifiée d'vn fort bastion. Elle est aussi

En 1344.

p. 36.

p. 227.

p. 26.

S. Borrondon Isle inuisible.

Fouchal.

ornée d'vne belle Eglise Cathedrale, qui a son Euesque, Chapitre & Chanoines ; La Iustice & le Gouuernement s'y exercent à la mode de Portugal, dont les appellations en ressortissent au Parlement de Lisbonne. Vous y auez vne autre ville nommée *Machico*, accommodée d'vne assez bonne rade pour les nauires ; & tant la ville que le haure retiennent le nom dudit *Macham* Anglois. Il se trouue en ladite isle de Madere seize engins à faire sucre qui le font bon par excellence.

Fruits. Outre le bois cy-dessus mentionné, s'y trouue abondance de bons fruits de toutes sortes, poires, pommes, prunes, dattes sauuages, pesches, melons, oranges, citrons, grenades, & herbes potageres.

Porto Santo. Il y a aussi quantité d'arbres appellez dragons : mais sur tout d'excellens vins qui se transportent en infinis lieux. A l'vn des costez d'icelle vers le Nord vous y trouuez vn autre petite Isle qu'ils appellent *Porto Santo*, à trois lieuës de la grande, ses habitans y viuent de mesnage ; car ceste

Isle de Madere ne fournit que peu de grains, & tire sa principale prouision de Frãce & de Tenerife. A l'autre costé se trouue vne autre petite Isle appellée le *Desert*, laquelle ne produit que de l'*orchel* & nourriture pour cheures, qui sont pour la prouision de la grande Isle, qui a de circuit trente lieuës: le lieu où croissent les grands arbres, dont nous auons parlé, est de situation fort haute, & ce que i'y ay remarqué d'admirable, ce sont des conduits, qui à trauers des montagnes portent les eaux aux engins à sucre.

Grains de France.

Isle deserte.

A my chemin, entre l'Isle de Tenerife & celle de Madere, se rencontre vne autre petite Isle inhabitee qui peut auoir vne lieuë de tour, qui ne produit rien que pasture pour cheures.

Nota.

Cét Autheur Anglois, par enuie ou plustost par ignorance taist le nom des François, quand il dit que les premiers descouureurs & conquereurs des Canaries furent les Portugais ou Castillans accompagnez des Anglois : car cela est conuaincu de faux, tant par ceste histoire que par tous ceux qui en ont escrit depuis cent ou six vingts ans, & mesme par vn autre Anglois plus qualifié & plus croyable, le sire *Edmond Scory*, que nous rapportõs en suitte, & qui aduouë assez franchement que nostre *Bethencourt* fut le premier des Chrestiens qui descouurit ces Isles. Il est bien vray que pour Madere l'honneur en est deu à ce Macham Anglois, dont nous auons parlé, & la premiere conqueste depuis aux Portuguais.

Quand à ce qu'il dit que cs peuples insulaires sont originaires d'Affrique, il y a bien de l'apparence pour la proximité, n'y ayant pas plus de douze ou quinze lieuës de passage du Cap de *Bogiador* à l'Isle de Fortauenture, comme ceste histoire dit [a]. Et mesme Pline [b] remarque qu'en la Mauritanie vers le mont Atlas & le fleuue *Niger* habitoient certains peuples appellez Canariens, qui viuoient de chairs cruës & d'entrailles de bestes sauuages & de serpens comme des chiens, dont le nom leur en estoit venu. Il y a encores auiourd'huy certains peuples noirs vers Guinee si bestiaux qu'ils ne sçauent quasi parler, & mangent ainsi les entrailles des bestes toutes sales & pleines d'ordure comme les chiens, sans presque aucun vsage de raison, ainsi qu'a remarqué Vincent Blanc en ses voyages d'Affrique [c].

a ch. 70.
b l. 5. c. 1.
c ch 1.

EXTRAICT DES OBSERVATIONS du sire Edmomd Scory Cheualier Anglois, touchant le Pic de Tenerife, & autres singularitez par luy remarquées en ceste Isle.

TENERIFE est la plus plaisante de toutes les Isles des Canaries : elle a esté appellé *Niuaria* ou neigeuse, à raison de la neige, laquelle comme vn collier enuironne le col du Pic de *Taida* : le nom de Tenerife luy a esté imposé par les habitans de l'isle de la Palme : car *Tener* en langage Palmesien signifie de la neige, & *Iffe* vne montagne : elle est située en l'Ocean Atlãtique à quatre vingts lieuës loin de la coste d'Afrique. Elle est de forme triangulaire, s'estendant en trois promontaires ou caps. Sa situation est dãs les vingts huict degrez de l'Equinoctial. Quand à la grande montagne de *Teyda*, communement appellée le Pic de Tenerife, ie ne sçay si elle donne plus grande admiration quand vous en approchez, ou quand vous

§. 31. De Purchas tom. 5. c. 12. §. 3.

Nom de Tenerife d'où.

Teyda, Nicols l'appelle Teythe, & les Espagnols Tereyra.

la regardez de loin, mais en l'vne & l'autre façon elle est beaucoup à admirer. Le pied de la montagne commence à la ville & port de *Garachico*, de là il y a deux iournées & demie de chemin iusques au haut d'icelle : encore que le haut semble estre aussi pointu qu'vn pain de sucre, à quoy elle ressemble plus qu'à toute autre forme : il ne laisse pas d'y auoir vne platte forme au sommet, de la largeur d'vn acre de terre, & au milieu de ceste plaine vn gouffre a duquel souuentesfois sont iettées hors des grosses pierres auec grand bruit, feu & fumée : on peut faire sept lieuës de ce chemin sur des asnes ou des mulles ; le reste il le faut faire à pied auec grande difficulté. Toutes les contrées qui sont autour de la pente de ceste montagne à dix mil en amont, sont toutes couuertes, ou pour mieux dire, embellies des plus beaux arbres de toutes sortes que l'on puisse trouuer au reste du monde, à cause du grand nombre de fontaines qui s'entre meslans les vnes auec les autres, & accruës des pluies violentes de l'hyuer

Garachico. voy Nicols. §.30.

a Les Espagnols appellent cela Volcanes, comme il y en a au Mexique.

l'hyuer, descendent en gros torrens dans la mer. Au millieu de ceste montagne il y a vn froid intollerable, au haut il y fait chaut, & pareillement aussi au pied d'icelle. Par toute la region froide il faut que vous preniez vostre chemin pour voyager du costé du Sud, & durant le iour; & par la region chaude, qui est deux lieuës pres du sommet, il faut marcher du costé du Nord, & durant la nuit: chacun porte sa prouision de viure, & ses *Borraches*, ou flacons de vin. Pour approcher au haut de la montagne, il faut prendre le temps du milieu de l'esté, pour esuiter les torrens causés par les neiges, & enuiron les deux heures du matin: Et lors vous y pouuez demeurer iusques au leué du Soleil, mais non pas plus long-temps.

Borrachas, c. flacons de cuir, en Esp.

Le Soleil estant esleué par dessus l'horison de l'Ocean y paroist beaucoup plus petit que quand vous estes sur la plus basse terre, & semble se contourner en soy mesme en façon d'vne boulle. La seconde lueur, qui comme vn torrent de flammes sort de l'Orient peu auant le leuer du So-

Obseruation merueilleuse du Soleil, & naturelle toutefois.

leil, ne peut en rien mieux estre accomparée qu'à la respiration & chaleur sortant de la bouche d'vn four embrasé : Et ainsi il s'esleue, aduençant sa course par le milieu du Ciel, dont la couleur est claire, pure, bleuë & cristaline, sans y auoir la moindre tasche ou nuée. Lors que vous estes au haut de ceste montagne toutes les isles paroissent au dessous de vous comme vne plaine & platte forme de terre vnie : encores qu'ẽ toutes ces isles il n'y ait gueres moins de vingt mil roches rudes, difformes, mal polies & inegales. Toutes les extremitez de ceste plaine de terre semblent bordées & frangées de neiges, qui en effet ne sont autre chose que des nuées blanches, qui sont de plusieurs stades beaucoup plus basses que vous ; Proche le sommet de ceste montagne il ne pleut iamais, & n'y a iamais aussi aucun vent qui souffle sur iceluy : On recite le mesme du mont Olympe en la Thessalie.

Nulles pluies là.

Olympe mont.

Toute la partie haute de ceste montagne est affligée de sterilité, & priuée du benefice de la vertu generatiue de la plus basse & moyenne region de l'air; car il n'y a aucune sorte d'arbres, arbrisseaux ny feuilles qui honnorent sa teste, laquelle en demeure estrangement difformée; Derechef du costé du Sud sortent des veines de souffre, qui descendent en bas sur la nuque de son col où est la region des neiges, parmy lesquelles le souffre se fait voir par ses veines en diuers endroits. Souuent en temps d'esté les feux sortent hors de ce trou qui est au feste de la montagne, dans lequel si vous faites rouller quelque grosse pierre, elle resonne comme si quelque pesant fardeau tomboit sur vne grand nombre de vaisseaux d'airain creux: Les Espagnols appellent par raillerie ce trou *le chaudron du Diable*, dans lequel boult toute la prouision de l'Enfer; Et les *Guanches* mesmes, naturels habitans du païs, afferment que c'est là l'Enfer, & que les ames de leurs predecesseurs, qui ont esté meschans, sont reduites en ce lieu-là: mais que celles de ceux qui ont esté gens de bien & vaillans, vont en bas en la plaisante vallée, en laquelle

Souffre & feu.

Caldera.

Guanches.

est à present située la grande Cité de *Laguna*, au prix de laquelle, & des bourgades voisines d'icelle, ie ne croy pas qu'il y ait aucune autre place en tout le monde de plus plaisante & agreable temperature d'air, ny d'vn plus bel objet à la veuë, estant posée au centre de ceste plaine, d'où l'on peut contempler comment la nature s'est pleuë à diuersifier la beauté de ceste grande montagn. Du costé du Nord de ceste isle, il y a plusieurs cheutes d'eaux fraisches, qui tombans de tres-hautes montagnes, seruent de rafraischissement à la plaine & à la Cité de Laguna, & de là portées par la force de leurs torrens se iettent dans l'Ocean. L'isle est diuisée par vne rangee de montagnes qui ressemblent le comble d'vne Eglise, ayant au milieu d'icelle le Pic de *Teyda*, comme si c'estoit le clocher. Si vous diuisez toute la terre de l'isle en douze parts, il s'en trouuera dix d'icelles occupées de rochers inaccessibles, de bois, & de vignes: Et encore en si peu qui reste de terres labourables, on y a recueilly, comme i'ay veu selon le

Laguna ville.

Situation excellente.

Teyda.

compte qu'ils en faisoient en l'an 1582. iusques à plus de deux cens mil hanegues* de bled (la quarte Angloise en fait quatre & demy) outre vne infinie quantité de ris & d'orge: La terre y est de fort delicieuse temperature & propre pour produire toutes les plus excellentes choses qu'aucune autre puisse porter, si les Espagnols vouloient prẽdre la peine de la cultiuer. Les vignobles plus recommandables sont en la *Buenauista*, *Danté*, *Oratane*, *Tiquesto*, & au lieu appellé *Ramblé*, lequel produit le plus excellent vin de tous les autres. Il croist deux sortes de vins en ceste isle, l'vn appellé *Vidonia*, l'autre *Maluoisie*. Le Vidonia est tiré d'vne grappe longue qui produit vn vin plat & sans pointe. La Maluoisie vient d'vne grosse grappe ronde, & est le seul vin qui peut passer les mers autour du monde & d'vn pole à l'autre, sans s'aigrir ou alterer; au lieu que tous les autres vins se tournent en vinaigre, ou se congelent en glace quand ils approchent des poles du Sud ou du Nord; On ne peut pas trouuer ailleurs que là de plus beaux & meilleurs melons, grenades, citrons,

Fertilité grande.

** Hanega mesure en Espagne, qui est nostre boisseau & demy.*

Vins excellens, voy Nicols.

Maluoisie ou vin de Canarie.

Fruits exquis. figues, oranges, limons, amandes, dattes, & miel, & par consequent aussi de la cire, & de la soye, quoy que non en grande quantité; neantmoins elle est excellemment bonne; & s'ils y vouloient planter des meuriers en abondance, le fonds esgaleroit, si mesme il n'excedoit en bonté & quantité de telles commoditez, le terroir de Florence & de Naples. Le costé du Nord de ceste isle abõde aussi bien en bois qu'en eaux; là croissent le cedre, le cypres, le laurier, l'oliuier sauuage, le lentisque, le sauinier, la palme & le pin. Au passage d'entre *Oratane* & *Garachico*, vous voyagez par le milieu d'vne forest de tels arbres, dont la forte & plaisante odeur parfume tout l'air des enuirons. Il y a telle abondance de ces arbres en ceste isle, que tous leurs vaisseaux pour le vin, & autres vstanciles de bois en sont faicts. Il y a là deux sortes de pins, l'vne qui est menuë, & l'autre qui croist de la façon de nos chesnes en Angleterre, en s'espandant çà & là; les habitans du lieu appellent ce bois *l'arbre immortel*, par ce qu'il ne se pourrit ny dessus ny dessous terre, ny dedans l'eau;

Arbres. *Laretaua.* *Pins.* *Arbre immortel.*

il est presque aussi rouge que le bresil & est aussi dur, mais non si vnctueux que l'autre sorte de pin. De ceste sorte ils en ont quelques arbres si grands que les Espagnols recitent & afferment pour chose digne de foy, que du bois d'vn seul de ces pins là, on en a couuert l'Eglise de *Loz Remedios* de la Cité de Laguna, qui est de quatre vingt pieds de long & de quarante huict de large, & que d'vn autre pin on en a couuert l'Eglise de sainct Benoist en la mesme Cité, qui est de cent pieds de long & de trente-cinq de large. Le plus excellent & estrange arbre qui soit en ceste isle, est celuy qu'ils appellent *Dragon*, le tronc & corps d'iceluy s'esleue d'vne excessiue hauteur & grandeur, l'escorce est semblable aux escailles d'vn dragon, & ie pense que de là il a pris son nom. Du haut sommet de l'arbre toutes les branches sortent, qui se iettent & s'entrelassent l'vne auec l'autre deux à deux comme les Mandragores. Elles sont de forme presque semblables au bras d'vn homme, rondes & polies, & comme de l'extremité de ses doigts, sort la feuille enuiron de deux pieds de long, & qui

Arbres merueilleux en grandeur. Pline dit le mesme apres Iuba l. 6. c. 32.

Dragoniez.

p. 228

ressemble assez à nostre glayeul de marests. Cet arbre n'a point de bois au dedans de son escorce, mais seulement vne espece de poix claire & spongieuse, & communement ils font des ruches à miel des troncs de ces arbres: vers le plein de la Lune ces arbres suent vne gomme claire & vermeille, qu'ils appellent *sangre de Dragon*, * qui est beaucoup plus excellente & astringente que le *sanguis Draconis*, que nous auons de Goa & des autres parties des Indes Orientales, parce que les Iuifs, qui sont les seuls droguistes de ces lieux là, pour y gaigner, le falsifient & multiplient auec d'autres ingrediens de quatre liures pesant pour vne.

** Sang de Dragon. voy ch. 40. & y en a aussi ès Indes Occidentales, voy Monardes l. 1.*

Les premiers qui ont habité ceste isle estoient appellez *Guanches*. Mais il est bien difficile de sçauoir d'où ils estoient venus en ce lieu-là, pour ce que c'estoit, comme il est encore, vn peuple entierement barbare, & sans lettres. Le langage des vieux *Guanches*, qui demeurent encore entre eux iusques à ce iourd'huy en ceste isle, en leur ville appellée *Candelaria*, approche fort de celuy des Mores de Barbarie. Quãd

Guanches.

Bethencourt le premier des Chreſtiens qui a deſcouuert ces parties là, y arriua: il les trouua tous Gentils & idolatres. Neantmoins ie ne trouue point qu'en aucune façon ils ayent eu commerce auec le diable, choſe toutesfois aſſez ordinaire entre les Indiens Gentils. Ils tenoient qu'il y auoit vn ſouuerain pouuoir & puiſſance, qu'ils appelloient de diuers noms, *Achuharahan*, *Achuhucanar*, *Achguayaxerax*, ſignifians le tres-grand, le tres-haut, & le conſeruateur de toutes choſes. S'ils manquoient de pluyes, ou qu'ils en euſſent trop, ou ſi quelqu'autre mal leur aduenoit, ils conduiſoient leurs brebis & cheures en vn certain lieu, & ſeparoient les petits d'auec les meres, eſtimans que par le beellement que ces beſtes faiſoient de coſté & d'autre, le courroux de ce ſouuerain pouuoir eſtoit appaiſé, & qu'il les pouruoiroit de ce qu'il leur manquoit: ils auoient quelque cognoiſſance de l'immortalité & punition des ames: Car ils eſtimoient qu'il y auoit vn Enfer, & qu'il eſtoit au *Pic de Teyda*, & appelloient l'Enfer *Echeyde*, & le Diable *Guayota*. En leurs affaires ciuiles ils

Bethencourt premier deſcouureur & conquereur.

Noms de Dieu.

Eſtrange ſuperſtition.

Ames immortelles és Enfer.

Police ciuile.

auoient quelques Police, recognoissans vn Roy auquel ils rendoient subjection & vassellage, contractans mariages, reiettans les bastards, admettans les Roys par succession, faisans des loix & s'assujettissans eux-mesmes à icelles. Quand vn enfant estoit né ils appelloient quelques femmes qui auec certaines parolles iettoient de l'eau dessus la teste de l'enfant, & dés lors en auant ceste femme estoit receuë au nõbre de ceste famille, & n'estoit loisible à aucun de la race de contracter iamais mariage auec elle, ou d'auoir sa cognoissance. Les exercices dont vsoient leurs ieunes gens estoit de sauter, courir, lancer le dard, jetter des pierres, & danser; en quoy iusques à ceste heure ils se plaisent extremement. Ces Barbares estoient si remplis de vertus naturelles & d'honneste simplicité, que c'estoit vne loy inuiolable entr' eux, que si vn de leurs soldats, en quelque place publique ou priuée, s'estoit comporté licencieusement ou iniurieusement à l'endroit de quelque femme, il estoit sans remission mis à mort. Le peuple de ceste contrée estoit d'vne

Baptesme des Canariens.

Affinité spirituelle.

Exercices.

Vertus.

belle stature, bien formé & de bonne complexion. Il y a eu autrefois entre-eux des Geans d'vne incroyable grandeur: le test de l'vn d'iceux se void encore en estre, auquel il y auoit quatre-vingts dents, & la grandeur de son corps, qui fut trouué inhumé au sepulchre du Roy de *Guymur*, de la race duquel il estoit, reuenoit à la mesure de quinze pieds. Le peuple qui habite du costé du Sud de l'isle est de couleur oliuastre: mais ceux qui demeurent du costé du Nort sont beaux, specialement les femmes, qui ont les cheueux luisans & doüillets: leur plus commun ornement estoit vn certain vestement fait de peaux d'aigneaux comme vn petit surcot, sans plis, ny collet, ny manches, attachez ensemble auec des courroies de mesme cuir. Le plus ordinaire accoustrement des hommes & femmes d'entre le commun estoit appellé *Tomarco*, seulement les femmes par modestie auoient vne autre couuerture par dessus leur *Tomarco*, qui estoit leur cotte separée, allant iusques aux genoux, & ceste-cy qui estoit aussi faite de peaux, s'estendoit en bas iusques à terre: car ils

Geans.

Chose incroyable.

Vestemens.

Tomarco.

estimoient chose malseante à vne femme d'auoir les mammelles ou les pieds descouuerts : ils viuoient en cest habit, en iceluy ils mouroient, & au mesme estoient le plus souuent enterrez. Pour leur viure ordinaire ils sement de l'orge & des febues : quand au bled, il leur estoit cy-deuant incognu. Ils sechent leur orge au feu, puis l'esgrugent en certains moulins à bras, tels qu'il y en a maintenant en Espagne : ils appellent la farine ainsi faite *Gifio*, la destrempãs d'eau, de miel, & de beurre : elle leur sert de pain, & estoit leur plus grande & generalle nourriture. Ils mangeoiẽt aussi de la chair de brebis, de cheures & de porcs, mais non communement; Car ils auoient certaines assembles telles que sont en Angleterre les festes de villes, auquel temps le Roy en personne donnoit de ses propres mains à chaque vingtaine d'iceux, trois cheures, & à proportion de leur *Gifio*; apres cette feste chaque compagnie venoit deuant le Roy, monstrans leur agilité à sauter, courir, luiter, darder, dancer & autres passe-temps : ils ont vne certaine espece de miel faict d'vn

Gifio. Nicols l'appelle Gofia.

Festes.

fruict appellé *Mozan*, de la grandeur & grosseur d'vn pois. Auant que ces fruits soient meurs, ils sont verts en couleur: quand ils commencent à meurir, ils sont rouges, & estant entierement meurs, ils deuiennent noirs, n'estans en rien dissemblables à nos meures noires, sinon en leur goust, qui est extremement plaisant. Ils n'en mangent que le ius, qu'ils appellent *Yoya*, & le miel qu'ils en font *Chacerquem*: ils amassent ces *Mozans* lors qu'ils sont bien meurs, & les exposent au Soleil l'espace d'vne sepmaine, puis ils les cassent en pieces, & les mettent bouïllir en l'eau tant qu'ils deuiennent en sirop: cela leur sert de medecine pour les fluxions & douleurs de reins & du dos; & pour l'vne & l'autre de ces maladies, ils tirent du sang des bras, de la teste & du front, auec vn caillou à fusil. Au temps de leurs semailles, le Roy ayant partagé à chaque homme sa portion de terre qu'il doit semer, ils font des trous en terre auec des cornes de cheures, & disans certaines paroles, ils iettent leurs semences en la terre. Tous autres ouurages concernans la culture

Mozan.

Medecines.

Semailles.

des terres sont parfournies par leurs femmes : le Roy faisoit son habitation en des grottes ou roches creusées naturellement, desquelles il y en a vne grande quantité qui reste encore en estre iusqu'auiourd'huy. Lors que l'on faisoit quelque feste en leur contree, il y auoit ce priuilege, que tous les hommes pouuoient en toute seureté aller & passer çà & là parmy le païs des ennemis, mesmes souuentefois les ennemis se festoyoient les vns les autres. En leurs mariages, ils auoient ceste coustume que les hommes demandoient le consentement des parens, des veufues & des filles, lequel estant accordé, ils estoient lors mariez sans autre ceremonie que i'aye peu apprendre. Comme leurs mariages estoient si tost faits ils estoient aussi aysément rompus, car si le mary ou la femme estoient disposez à se separer ils le pouuoient faire incontinent, & chacun d'eux se remarier derechef auec d'autres à leur volonté. Neantmoins tous les enfans nez de personnes ainsi separées estoient par apres estimez côme

Têps d'asseurance.

Mariages.

Diuorces.

bastards. Le Roy seulement, à cause de la succession, estoit exempt de ceste coustume, & à luy seul, pour ceste mesme raison, estoit loisible de se marier auec sa propre sœur. Par plusieurs années ceste Isle fut subiette à vn seul Roy, lequel ils appellent *Adexe*, qui estant deuenu viel, ses fils qui estoient neuf en nombre conspirerent contre luy, & diuiserent l'Isle en neuf diuers Royaumes. Toutes leurs guerres estoient pour desrober les bestiaux les vns des autres, specialement les cheures bigarées, qui entr'eux estoient en grande & religieuse estime : il y a bien peu de difference de corsage, de couleur, & autres qualitez entre nos Dains d'Anglerre & leurs cheures.

Roy espouse sa sœur comme en Perse iadis.

Les anciens *Guanxes*, de ceste Isle auoient vn officier ou embaumeur destiné, homme ou femme selon le sexe, qui lauoit les corps morts, puis mettoit dedans ces corps certaines confections faictes de beurre de cheure, fondu auec des poudres de *Furzes*, espece de pierre rude, d'escorces de pins & d'autres herbes, & ac-

Embaumeure.

p. 230.

commodoient ainsi ce corps pendãt l'espace de quinze iours : l'exposans au Soleil, tantost d'vn costé, tantost de l'autre, iusques à ce qu'il fust tout roide & tout sec. Durant ce tẽps-là, ses amis pleuroient & lamentoient sa mort. A la fin des quinze iours, ils enuelopoient ce corps en des peaux de cheures si industrieusement cousuës l'vne auec l'autre, que c'est chose admirable, & ainsi le portoient en vne cauerne fort profõde, où personne ne pouuoir auoir accez. Il se trouue encor de ces corps qui ont esté en sepulturez de cette façon depuis mil ans en çà, à ce qu'ils disent. La ville de *Santa Cruz* est le plus proche port de la Cité de *Laguna* : de là vous mõtez de fort roides montagnes pour aller à ladite Cité, que l'on trouue la mieux & quasi miraculeusement située au millieu d'vne plaine de dix mil de circuit, comme si la nature auoit preparé cette place à l'homme pour y bastir vne ville. Elle est enuironnée tout autour de costaux d'vne émerueillable hauteur, comme d'vne muraille, sinon du costé du

Enterremens. Voy Nicols §. 30.

Santa-Cruz.

Situation excellente de ville.

Nordonest,

Nordouest, par où passe vn chemin de terre vnie qui conduit iusques au bord de la mer, distante de sept lieues. Là aussi se leue continuellement vne vapeur de la mer, qui estant contournée parmy tant de diuerses entrelasseures de montagnes se conuertit finalement en vent, & prenant son passage parmy les conduits de ces monts comme par des canaux iusques à la Cité, luy sert d'vn grand rafraischissement, & s'amortit dedans ceste grande plaine par faute de trouuer aucune opposition de choses qui luy soient cōtraires : Et encore que le vent de *Sudest* souffle viuement sur la mer, on ne laisse pas tousiours d'auoir en ce lieu-là le vent plein de *Nordouest*, qui comme vn vray amy fauorise ceste Cité lors qu'elle en a plus de besoin, qui est depuis les douze heures du iour, iusques à la nuit; l'extremement grande rosée qui tombe, refroidit assez suffisamment la nuit. Leurs bastimens sont d'vne pierre rude & mal polie, qui n'est nullement belle : ils sont fort simples en leurs bastimens, qu'ils esleuent de deux ou

Vens rafraischissans.

Rosee.

Bastimens.

trois estages, & non plus: & communement aux lieux plus escartez de la ville, ils ne les bastissent que d'vn estage: la ville n'est point murée: ils n'ont point aussi de cheminées, non pas mesme pour leur cuisine: ils font seulement vn âtre & foyer à plat contre vne muraille, & là y hauissent ou bruslent leur viande, plustost qu'ils ne la rotissent; la disposition de leurs ruës est fort belle. Et estant au milieu de la Cité, on peut ietter sa veuë par toutes les extremitez d'icelle: ils ne manquent point aussi d'eaux, & la ville prend son nom d'vn grand Lac ou estang qui est au bout d'icelle, qui tire à l'Ouest, sur lequel on trouue ordinairement grande foison d'oiseaux de riuiere de diuerses sortes, les faucons hagards volent tous les soirs par dessus ce Lac: & les Negres auec des fondes battans ces oiseaux les font leuer: C'est lors le plus agreable passe temps que l'on sçauroit s'imaginer; Car l'on en voit vne grande quantité qui se baissent tous en mesme instant pour se ietter sur ces oiseaux: aussi sont ce les faucons & es-

Lac.

Passe-tẽps d'oyseaux.

peruiers les plus forts & mieux attaquans la proye que l'on puisse trouuer ailleurs, & sont d'vne plus grande race que les faucons de Barbarie. Le vice Roy estant vn soir à regarder le passe-temps de ceste chasse naturelle & sans artifice, me demandoit ce qu'il m'en sembloit, & moy luy loüant auec raison la force & attaque de ces esperuiers, il m'asseura pour chose vraye, qu'vn faucon né en ceste isle, qu'il auoit enuoyé au Duc de Lerme, auoit d'vn vol (sinon qu'il eust reposé en chemin sur quelque nauire) repassé depuis l'Andalousie iusques à Tenerife, qui sont deux cens cinquante lieuës d'Espagne, & auoit esté repris là, demy mort, portant les veruelles du Duc attachées; & le temps depuis son despart iusques à ce qu'il fut reprins, ne passoit pas seize heures.

Estrange vol d'vn oyseau.

§. 32

Paulus Jovius Elogior. Libr. 4. p. 124. Hist. des Antill. du P. du Tertre, Tom. 2. p. 59. Grands voyag. de l'Ameriq. Tom. 2. Part. 6. l. 3. c. 23. p. 57. Mariana De reb. Hispan. l. 16. c. 14. p. 685.

Mais pour reuenir à la conqueste de messire *Iean de Bethencourt*, quelques-vns ont pensé que cela se deuoit plustost entendre des *Açores* que des Canaries: mais ils sont contredits par ceste histoire, & par tous les autres historiens, & puis les *Açores* ne furent descouuertes que long-temps apres par les Flamans ou les Portuguais en l'an 1505[a]. Mais il y a apparence que ce qui a causé cet erreur, est qu'on a trouué en l'histoire de la conqueste de Portugal[b], que le Roy d'Espagne faisant guerre à la *Tercere* contre *Don Antonio*, il se trouua vn des principaux de ceste isle nommé *Iean de Bethencourt* qui y tint le party des Espagnols. Et est vray semblable que depuis que les *Bethencourts* eurent vendu aux Castillans leur conqueste des Canaries, quelqu'vn d'eux se retira aux Açores.

Açores quād descouuertes.

a *Marmol.*

b *Connestaggio. l. 8.*

Or ce sieur de *Bethencourt* ayant, comme i'ay dit, en l'an 1402. commencé ceste conqueste à ses despens, il fut contraint d'aller demander secours à *Henry* 3. Roy de Castille, pour acheuer le reste, ce qu'il obtint auec le tiltre & qualité de Roy, mais releuant de la Couronne de Castille: & ayant conquis quelques-vnes de ces Isles, ne pouuant acheuer le reste pour le peu de forces qu'il auoit, se contenta d'establir là sont neueu *Maciot de Bethencourt*, & de s'en aller en France, en intention de retourner aux Isles: mais les diuerses affaires domestiques qu'il trouua par deçà, auec les grandes guerres qui estoient lors en ce Royaume contre les Anglois & Bourguignons, l'en empescherent, outre son grand aage: car il passoit 66. ans quand il mourut, qui fut en 1425. & là finit ceste histoire, & son neueu *Maciot* luy succeda aux Canaries. Il auoit basty le chasteau de *Rubicon* à Lancerote, & celuy de *Richeroque*, & le fort de *Baltarrais* à *Fortauenture*.

Bethëcourt Roy des Canaries.

Maciot de Bethencourt.

Chasteaux bastis aux Canaries.

Tous les autres historiens François, Espagnols & Italiens, depuis 60. ans, qui ne pouuoient auoir si grande cognoissance de cela, se sont trouuez differens, & auec ceste histoire, & entr'eux mesmes. Car premierement ils ne sont pas bien d'accord du nom, les

a Nebriss. Campana.

vns [a] le nommans *Guillaume*, les autres *Iean de Bethencourt*, comme estoit son vray nom. Nos François l'appellent B*ethencourt* : les histoires Latines B*etancurius*, *Bentacurius*, *Ventacurtius*. les Italiens, Portuguais & Castillans *Betancor*, *Bentacor*, *Ventacor*; quelques-vns par corruption *Letancort* ou *Le-ctancort*. Pour son païs les vns le font Picard [b], les autres Normand, comme il estoit; car sa demeure est assez remarquée pres Diepe au païs de Caux.

b Loysel & l'Escarbot

Temps de la conqueste.

Quant à ce qui est du temps, les vns mettent ceste conqueste en l'an 1405. autres en 1417. comme la plus part, ou en 1424. Et toutefois ce fut dés l'an 1402. comme nous prouuerons cy-apres. Les Espagnols disent [c] que le sieur de *Bethencourt* ayant conquis quatre de ces isles auec la permission du Roy de France & le secours de celuy de Castille, dont il se rendit vassal & feudataire, choisit sa demeure à *Lacerote*, où il fit bastir vn chasteau de pierre, & que par la permission du Pape Martin 5. il y establit vn Euesque nommé *Mende* (que ceste histoire [d] appelle *Albert de las Casas*.) Garibay [e] ad-

c Garibay, Mariana, &c.

d ch. 88.

e l.16. c.19.

iouste qu'en l'an 1417. la Reyne Catherine vefue de Henry 3. Roy de Castille, comme tutrice de son fils Iean 2. encores ieune alors, donna ces isles à Iean de *Bentacor* François, à la priere & recommãdation de *Rubin de Braquemont* Admiral de France son parent. Mais qu'auant cela les Roys de Castille tenoient ces Isles estre de leur Seigneurie ; Et toutefois ceste histoire monstre[a] qu'ils n'y pretendoient rien alors, & qu'à peine en auoient-ils cognoissance. a *ch.* 26.

Mariana dit[b] que *Ioan Bentacurto* François, entreprit ce voyage auec la permission de Henry 3. sous condition que ces Isles demeureroient en la protection & hommage de la Couronne de Castille : Qu'il en conquit cinq des plus petites, & ne peut venir à bout des autres, pour la multitude & valeur des habitans. Puis fait mention de l'Euesque *Mende* y enuoyé par Martin 5. Et peut estre que ce Pape y enuoya depuis ce *Mende* qui doit estre vn autre qu'*Albert de las Casas* que Betencourt y establit sous Innocent 7. comme nous monstrerons. b *l.* 16. *c.* 14.

a Hist. des Indes l. 6. c. 17.

Gomara[a] en parle de mesme, & adiouste que les *Maillorquins* furent les premiers qui allerent attaquer ces Isles pour butiner, mais qu'ils en furent repoussez auec grand carnage: Que depuis en 1393. les Seuillans & Biscaïns furent à *Lancerote* où ils firent vn grand butin, iusqu'à emmener le Roy & la Reyne de ceste Isle, auec plusieurs autres prisonniers en Espagne, mais qu'en suite de cela nostre *Bethencourt* en fut le premier conquesteur en 1417. & que pour faire ce voyage, il auoit vendu tout son bien en France, pour equiper quelques vaisseaux, auec quoy il fit l'entreprise à l'ayde des Espagnols, & qu'il y establit vn Moine nommé *Mende* pour conuertir ces peuples, par le cōmandement du Pape Martin 5. Qu'il se fit Roy de quatre de ces Isles, & de là enuoioit en France force esclaues, cire, cuirs, suif, oursole, sang de dragon, figues, & autres choses de trafic; Que son neueu *Menaut* luy succeda, mais que ne s'accordant pas bien auec l'Euesque Mēde, le Roy de Castille y enuoya vn *Pierre Barbe*, à qui *Menaut*

Mende Euesque des Canaries.

Trafic des Canaries en quoy.

vendit ces Isles : & ce Pierre les vendit à *Fernan Peraça*; puis elles vindrent à vn *Diego de Herrera*, de qui le Roy Ferdinand les acquit. Mais en fin cet autheur conclud qu'auant Bethencourt aucuns Chrestiẽs ne les estoient allez voir que pour butiner.

Le Surita [a] dit quasi les mesmes choses, au rapport d'vn *Pero Lopes de Ayala* en son histoire, & qu'vn *Louys de la Cerde* Comte de Clermont dés l'an 1345. fut Couronné Roy des Canaries par le Pape Clement 5. à la charge de les aller conquerir & y faire prescher la Foy, mais il n'y eut autre effet de cela pour lors: Que depuis en 1395. Les *Andalous* & *Guipuscoans* furent pour descouurir ces Isles proches d'Afrique en la coste du Royaume de *Benmarin* [b] (que nos histoires appellent *Belle marine* qui est *Marroc*) & qu'ils pillerent Lancerote & quelques autres, mais que ne trouuans les richesses d'or & d'argent qu'ils pretendoient, ils s'en retournerent chargez d'esclaues seulement, de cuirs de cheures, & de cire : Tant qu'en fin le Roy de Castille *Henry* 3. donna ceste

a l. 20. c. 39.

b *Ben merin, famille & race de Roys de Maroc.*

Rubin de Braquemont. conqueste à faire à *Rubin de Braquemont* Admiral de France qui auoit bien seruy le Roy don Iean son pere, & luy mesme és guerres cõtre Portugal, & que ce *Rubin* donna ceste commission à vn sien parent *Iean de Betencourt*, auquel depuis la Reyne *Catherine* sa vefue le confirma : Que ce Cheualier François en eut tiltre de Roy, conquesta l'Isle de Fer, attaqua la grand' Canarie qu'il ne peut conquerir à cause de la resistance des naturels du païs, & qu'il fit bastir vn chasteau à Lancerote. Il adiouste, au rapport d'vn *Garcia de santa Maria*, en son histoire, que Benoist 13. (Antipape siegeant en Auignon, puis en Aragon) fit Euesque de ces Isles vn *Alphonce de Sanlucar* Religieux de sainct *Euesque de Rubicon.* François, qui fut appellé Euesque de *Rubicon*, Suffragant de Seuille, & qu'iceluy tardant trop à y aller, ce Pape en pourueut vn autre de mesme Ordre, nommé *Mendo* : Que Bethencourt estant mort, luy succeda *Menaut*, qui ayant dispute auec l'Euesque *Mendo*, la Reyne Catherine y enuoya vn *Pedro Barba de Campos*, pour y donner ordre, & que Menaut en fin vendit ces Isles à ce Barba, qui apres les reuendit à *Fernan Peraça* Caualier Seuillan : Et que bien que ces Isles fussent de la couronne de Castille, toutefois vn *Hernan de Castro* Portuguais passa en 1425. auec armee contre la grand' Canarie qu'il ne peut prendre : Et que Henry Infant de Portugal demanda au Roy de Castille la conqueste de ces isles, à la charge de luy en faire hommage, ce dont l'autre s'excusa : Que l'an 1430. le Roy Iean 2. permit à vn *Guzman Comte de Niebla*, qui auoit droict en ces isles, de le vendre à Dom *Guillem de Las Casas*; Et que de là il passa à *Diego de Herrera*; Que cependant le Prince Don Henry de Portugal recognoissant de plus en plus l'importance de ces isles pour la nauigation de Guinee, sur le refus que le Roy de Castille luy en auoit fait, enuoya en 1450. vne flotte à *Lancerote* & *Gomere*, qui y fit guerre aux Castillans iusqu'en 1454. que Henry 4. Roy de Castille permit la conqueste du reste des Canaries aux

Comtes de *Atougnia* & *Villareal* Portuguais, puis en 1460. reuoqua cela, pour le preiudice que c'estoit à Diego de Herrera à qui cela appartenoit : Qu'en fin en 1461. vn *Pedro de Vera* fut enuoyé conquerir la grand' Canarie, où il fit vne forte guerre, prit le fort de *Gayeté*, contraignit les habitans à se conuertir, puis s'estans reuoltez, furent derechef vaincus & subiuguez entieremẽt par vn *Miguel de Moxiga*, qui prit leur dernier fort tenu inaccessible, dit *Fatega*. En suitte furent conquises la *Palme* & *Tenerife*; Et en 1487. le Roy Ferdinand acquit de *Doña Iñez Peraça* tout le droict qu'elle auoit sur les Canaries.

Grand'Canarie conquise.

Benzoni [a] fait aussi Bethencourt le premier conquesteur de ces Isles, & qu'abordant en la grand' Canarie (il veut dire *Lancerote*) le Roy de l'isle nommé *Bajanor* l'en voulut empescher, mais qu'il le surmonta, & ce Roy vint en fin à accord auec nos François, qui y bastirent vn fort, puis acheuerent leur conqueste : Que trois de ces isles furent par luy (il

[a] *En son hist. du nouueau monde.*

veut dire par son neueu *Maciot*) venduës au Comte de *Niebles*.

Paul Ioué [a] donne aussi l'honneur à nostre Bethencourt d'auoir esté le premier auant les Portuguais & Espagnols à descouurir ces isles, & qu'à son exemple les vns & les autres se hasarderent plus auant.

[a] En ses Eloges.

Gonçale de Illescas [b] dit, que la cognoissance & la nauigation des isles Fortunees s'estant perduë par longtẽps, fut enfin retrouuée en l'an 1405. par le François *Bethencourt*, au temps de Iean 2. Roy de Castille (il veut dire Henry 3.) auec la permission de la Reyne Catherine sa mere & de l'Infant *Don Fernand* Gouuerneur d'Espagne: Que ce Bethencourt les conquit & conuertit, puis par achapt vindrẽt au pouuoir des Espagnols. Mais entr'autres choses il remarque l'importance de ceste conqueste, pour auoir depuis grandement aydé à celle du Nouueau monde, ces isles seruans d'escale tres-commode & opportune pour vne si longue Nauigation.

[b] En son hist. Pontificale.

Canaries & leur importance.

Gonçale de Molina [c] en dit autant,

[c] En son liure de la

Noblesse d'Andalousie. & que nostre *Bethencourt* obtint permission, auec titre de Roy pour ceste conqueste, de Iean 2. Roy de Castille l'an 1417. & ce à la priere & recommandation de *Rubin de Braquemont* Admiral de France son parent. Puis adiouste, que ce Bethencourt estoit grand Chambellan du Duc de Bourgongne, mais il se trompe, comme nous monstrerons cy-apres. Ce fut son frere Renaud de Bethencourt, qui fût grand maistre d'hostel de ce Duc, & luy fut Chambellan du Roy Charles 6. Ce mesme Autheur dit encor, qu'à ce Iean de Bethencourt succeda son cousin *Maciot*, dont descendirent Madame Constance *de Herrera*, *Royas* & *Bethencourt* Comtesse de Lancerote, & tous ceux de ce mesme nom qui se trouuent en Portugal & Castille, & que leurs armes sont d'argent à vn lyon de gueules; mais c'est vn lyon de sable armé de gueules. *Armes des Bethencourts.*

a En sa Decade 1. Barros [a] & Ramusius, disent que Bethẽcourt alla en Espagne à dessein de conquerir ces isles, dont il auoit eu cognoissance par vn vaisſeau Anglois ou François que la tempeſte y auoit ietté : Qu'il partit de France auec gens & vaiſſeaux, & en Eſpagne s'en pourueut encores dauantage, & conquit *Lancerote, Fortauenture*, & *le Fer* à ſes deſpens ; & que depuis retournant en France, il y laiſſa vn ſien nepueu nommé *Maciot*, qui conquit la *Gomere* à l'ayde des Caſtillans, puis les vendit toutes à Henry Infant de Portugal, & luy ſe retira à Madere, qui commençoit à ſe peupler, ayant eu en payement quelques gabelles & autres reuenus en ceſte iſle : Qu'apres il maria ſa fille *Marie de Bethencourt* à vn *Ruy Gonçaluo de la Camara* Capitaine de l'iſle de *S. Michel* aux *Açores* : Que ſes heritiers furent *Henry* & *Gaſpard* de *Bethencourt* ſes nepueux, dont la race dure encores auiourd'huy ; Que ces iſles ſont au nombre de douze, & qu'il y reſtoit encores à conquerir la *grand' Canarie, Palme*, la *Gracieuſe*, l'*Enfer*, l'*Alegrance, S. Clere*, *la Roque*, & *les Loups* : Que le Prince Henry ſe reſolut de les cõquerir & conuertir en l'an 1444. & y enuoya *Feruan-*

de Castre auec 2500. pietons & 1200. cheuaux, qui en reduisit vne partie: Que depuis le Roy de Castille pretendāt que ces isles estoient siennes, ce Prince les luy laissa, d'autant que *Iean de* Bethencourt premier conquereur estoit party de Castille pour y aller, & auoit esté assisté par les Castillans, comme aussi l'auoit esté son neueu: Que mesme la Gomere auoit esté conquise par leur moyen, & les recognoissoit: Et que ce que *Maciot* y auoit vendu, estoit seulement ce qu'il y auoit conquis par son industrie, & non la Seigneurie qui desia leur appartenoit. Depuis par la paix faite entre *Alphonce* 5. Roy de Portugal & *Ferdinand* Roy de Castille, la Seigneurie de toutes ces isles demeura aux Castillans, comme aux Portugais celle de *Madere*, de *Guinee* & autres lieux. Voyla ce que Barros en dit, mais les Espagnols [a] & nos François ne s'y accordent pas, ains que *Menaut* ou *Maciot* les vendit à Pierre Barbe, puis vindrent à *Peraça*: Autres disent à *Arias de Sayauedra*, la Gomere, & le Fer, & Lancerote à *Peraça*: &

[a] *Mariana l.10. Garibay l. 16. Martyr. l.1.*

ça : & qu'en fin Ferdinand le Catholique en acquit les vnes & acheua de conquerir les autres, par vn *Pedro Vera de Xerez*, & vn *Moxica*, qui gagnerent la grand' Canarie, & vn *Alphonce de Lugo*, la Palme & Tenerife: Que ceste conqueste dura trois ans, puis furent toutes incorporees à la Couronne de Castille.

Le Campana [a] dit qu'en l'an 1492. ce Roy les acquit toutes, & eut par argent le droict de Don *Diego d'Eredia* de par sa femme fille de *Fernan Peraça*, & luy donna titre de Comte de la *Gomere* & du *Fer* : Et que le Pape Eugene 4. dés l'an 1437. auoit declaré l'acquisition de ces isles appartenir à Iean 2. Roy de Castille.

[a] *En la vie de Philippe 2.*

Pour la premiere conqueste par nostre Bethencourt, nos Historiens François s'accordent auec les Espaglols, & Vignier [b] la met en l'an 1405. ou 1417. André Fauin [c] prouue par bonnes raisons que les François ont esté les premiers descouureurs du Nouueau monde, & que l'honneur n'en est deu à Colon, que les Espa- disent auoir esté le premier *Adelanta-*

[b] *En sa Biblioth. Belleforest. Cosmogr. tom 2. c. 31. Theuet l. 3. c. 9.*

[c] *Traicté des Offic. de Fr. l. 3. c. 8.*

de ou grand Admiral des Indes, mais que cela appartient à *Iean de Bethencourt*, à *Girard de Mauleon*, & à vn *Etelphe de la Salle*, Gentils-hommes François. Cet Etelphe de la Salle est le *Gadifer*(ou *Gayfer*, cõme Monstrelet l'appelle a) de la Salle tant mentionné en ceste histoire, & qui estoit lors à la Rochelle, attendant son aduenture à la maniere des anciens Preux & Cheualiers errans: & depuis qu'il fut retourné des Canaries, il fut à la guerre au pays de Genes en 1409. On pense qu'il estoit aussi du pays de Caux, où y a encores quelques fiefs portans ce nom de la Salle.

a 1. vol. Cron. c. 56.

Gadifer de la Salle.

§. 33. *Diference des historiens.*

VOYLA ce que tous les historiens en content assez differemment de nostre histoire, mais quand on considerera que tous ceux-là n'ont escrit qu'enuiron vn ou deux siecles apres, on iugera auec assez de vraysemblance qu'elle est beaucoup plus croyable, puis qu'elle a esté composée par ceux, qui non seulement estoient du mesme temps, mais en la conqueste mesme, & des dome-

Autheurs de ceste histoire.

ftiques du fieur de *Bethencourt*, l'vn eftant Religieux de S. François, & l'autre Aumofnier de ce Seigneur, qu'ils accompagnerent en tout fon voyage,& qui ne fe pouuoient tromper, tant en la chofe qui leur eftoit prefente, qu'au temps & en l'annee qu'ils efcriuoient : car ils difent affez clairement en leur preface, qu'ils n'ont efcrit cefte conquefte, que depuis l'an 1402. qu'elle fut commencee, iufqu'en l'an 1406. & la fuitte de ces annees fe prouue affez par la deduction de l'hiftoire, d'autant qu'au chapitre 1. ils cotent 1402. au ch. 35. 1403. au 46. & 62. 1404. au 79. 1405. au chap. 86. ils font que le fieur de Bethencourt part de ces ifles pour retourner en France en Decembre 1405. de là au chap. 88. il vient en fept iours en Efpagne, & faut que cela foit au commencement de 1406. puis n'ayant demeuré qu'enuiron 15. iours en la cour de Caftille, il va à Rome, où il ne feiourna que trois fepmaines, chap. 89. & de là reuint en France & en fa maifon, ch. 93. & ne retourna plus en ces ifles. Cela

Preuues pour la conquefte en 1402. &c.

1406. fut donc au commencement de 1406. auquel temps siegoit à Ro-
Innocent 7. & non Martin 5. me Innocent 7. qui ne mourut qu'en Nouembre au mesme an ; & luy succeda Gregoire 12. esleu le dernier de Nouembre, auquel temps siegoit en Auignon l'Antipape Benoist 13. Ce qui refute assez tous les autes historiens qui veulent que ce soit Martin 5. qui fut seulement fait Pape au Concile de Constance, où les autres furent deposez, en l'an 1417. & n'alla à Rome qu'en 1421. ce qui est trop esloigné de nostre histoire. Puis
Henry 3. Roy de Castille. au chap. 84. est fait mention de *Don Henrique* Roy de Castille & de sa femme *Catherine* (fille du Duc de *Lancastre*) qui receurent fort bien nostre B*ethencourt* & luy octroyerent le titre de *Roy des Canaries*. Or ce Roy Henry qui fut le 3. du nom commença à regner en l'an 1390. & mourut en 1406. comme tous les historiens sont d'accord. Ce ne peut dõc estre, cõme les autres veulent Iean 2. son fils qui luy succeda fort ieune sous la tutelle de la Reyne Catherine sa mere: Aussi
Robert de Braque- Mariana & Surita aduouënt que ce fut Henry 3. Outre que *Robert* de Bra-

quemont oncle ou cousin de nostre Conquerant, mentionné au chapitre 80. n'est encore qualifié là Admiral de France, comme il fut depuis en 1418. Et cependant c'estoit lors le quatriesme an de la conqueste: Que si elle n'eust esté commencee qu'en 1417. seulement, ce Robert eust jà esté Admiral. A quoy l'on peut adiouster que lors que le sieur de Bethencourt retourna en sa maison de Grainuille en 1406. son frere Regnaud qui l'y vint voir, est dit à venir alors de l'Hostel de *Iean Duc de Bourgongne*, dont il estoit grand maistre d'Hostel. Cela fut le 5. ou sixiesme an de la conqueste; & si elle n'eust commencé qu'en 1417. cecy fut arriué en 1422. & il est certain que ce Duc de Bourgongne fut tué à Montereau en l'an 1419. Mais de plus il se trouue vn adueu de Messire Iean de Bethencourt passé en Normandie le 18. Iuin 1417. qui est le mesme an que les autres le font aller conquerir; où nostre histoire le fait partir de la Rochelle pour ce voyage, le 1. iour de May en 1402.

mont Admiral de France, quand.

a ch. dern. de ceste histoire.

Et mesme en vn extrait du thresor

a En la layete d'Angleterre.

des Chartres b, en l'instruction donnee de la part du Roy Charles 6. à l'Euesque de Chartres, & autres pour traiter auec les Deputez du Roy d'Angleterre l'an 1402. au mois de Iuillet, il est dit là entr'autres choses: *Item, si de ladite partie d'Angleterre est demandé reparation des attentats pieça faits en la mer par le sieur de Bethencourt, dont ils ont autrefois fait demande, respondront que ledit de Bethencourt & Messire Gadifer de la Salle, vendirent pieça tout ce qu'ils auoient au Royaume, & disoient qu'ils alloient conquerir les Isles de Canarre & d'Enfer* b, *& là sont demeurez, & l'on ne sçait qu'ils sont deuenus.*

b Enfer, c'est Tenerife.

Accord des historiens differens.

Tout ce que dessus prouue assez le dire des autheurs de ceste histoire, & refute celuy de tous les autres. Combien que l'on les peut accorder en quelque sorte, en ce que ceux là ont parlé de la premiere conqueste du sieur de Bethencourt, & ceux-cy de ce qu'y fit depuis *Maciot* son neueu du temps de la Reyne Catherine, & du Pape Martin 5. Ce qui conuient aucunement à l'an 1417. & plus tard encores.

De ce Maciot de Bethencourt doiuent estre descendus tous ceux qui se trouuent encores auiourd'huy de ce nom, tant en Espagne qu'és Isles d'enhaut, ou *Açores*, & d'en bas, ou *Canaries*. Car en Espagne il s'est trouué[a] vn *Loreço de Herrera Bentecor*, qui du temps de Philippe 3. fut employé en la Court du Roy de Marroc, & fut vn de ceux qui donnerent aduis de l'intelligence qu'auoient les Morisques d'Espagne auec ce Roy. Et dans les Canaries mesmes, au rapport de Pierre Martyr, [b] y reste des Seigneurs de ceste race, qu[i] y gardoient encores de son temps la langue & les mœurs Françoises. Car il est bien vray que le sieur de Bethencourt porta en ces Isles auec la religion Chrestienne, la langue & les façons de France, à la maniere de tous les conquerans. Mais les Espagnols en ont fait perdre la memoire tant qu'ils ont peu. Si n'ont-ils toutesfois sçeu esteindre du tout la race des Bethencours qui y dure encores, comme l'on peut verifier par les lettres de quelques Cavaliers restez de ce nom en l'isle de Tenerife; dont l'vne est d'vn *Don Matthieu de Bethencourt*, escrite de Londres où il estoit

Bethencourts d'Espagne, & des Isles, d'où.

a *Bleda l. de la expulsion de los Moriscos.*

b *Decad. 3.*

Lettres de Seigneurs

Canariens du nom de Bethẽcourt.

pour lors l'an 1605. à Monsieur *Don Louys de Bethencourt* à Roüen. L'autre est d'vn *Don Lucas de Bethencourt*, escrite de la ville de *Laguna* en Tenerife. Et y en a deux autres du mesme lieu, l'vne de la mesme personne en l'an 1613. & l'autre en 1580. d'vn autre de la mes- „me maison. Ces lettres escrittes en „Espagnol rendent tesmoignage, com- „me ils se tiennent tous de la race & „maison de *Messire Iean de Bethencourt*, „& de *Maciot* son neueu, & partant pa- „rens de tous ceux de deçà, qui portent „ce nom. Qu'ils auoient gardé de pere „en fils force memoires de ceste con- „queste, & de la Noblesse & ancien- „neté de leur maison, & iceux mesme „tres-bien verifiez au Parlement de „Paris; mais que tout cela leur a esté de- „puis pillé & enleué, par les courses des „Mores de Barbarie, qui maintefois „sont venus rauager leurs Isles de Lan- „cerote & Fortauenture. Que ce qui „leur en est resté par tradition est que „le Seigneur de *Bethencourt* conquit à „ses cousts & despens quatres de ces „Isles dont il se fit Seigneur : puis que „s'en retournant en France il en laissa

Tradition és Isles des Bethencourts.

„le gouuernement à ſon neueu *Maciot*, „qui quelques annees apres s'en alla à „Seuille où il vendit ces Iſles au Com- „te de *Niebla*, maintenant le Duc de „*Medina Sidonia*. Qu'entre les gens de „guerre que le ſieur de *Bethencourt* a- „uoit amenez auec luy en ceſte con- „queſte, y auoit pluſieurs François qui „s'habituerent là, & y ont multiplié en „ſorte que les noms & familles y du- „rent encores. Ce *Don Lucas de Bethen-* „*court* ſe dit là des principaux du Con- „ſeil Royal & du Gouuernement de „ces Iſles; & vſe de pluſieurs compli- „mens & honneſtetez, auec offres de „ſeruice & d'amitié, comme de bons „parens & amis de tous les Bethen- „cours de deçà.

L'autre lettre de *Tenerife* l'an 1580. „eſt d'vn Caualier de ceſte maiſon „nommé *Marcos Perdomo Pimentel Be-* „*tancor*, qui eſcrit au tres Illuſtre Sei- „gneur *Iean de Bethencourt* Viſiteur à „Roüen, & là apres pluſieurs compli- „mens, ſe dit deſcendu de *Maciot* de „Bethencourt qui eut deux filles, dont „l'vne appellée *Marie*, fut mariée en „l'iſle de *Madere*, dont deſcendent les

,,Bethencours des Isles d'en bas & ceux ,,de Portugal ; l'autre nommée *Leonor*, ,,espousa *Ariste Perdome* (cest Preud' ,,homme) gentil-homme François, qui ,,fut à la conqueste de ces Isles. Que ,,de ce mariage vindrent plusieurs en-,,fans, & entr'autres vn *Iean Perdomo* ,,*de Bethençourt*, dont celuy qui escrit ,,ceste lettre se dit descendu de par sa ,,mere *Marie*, qui espousa vn gentil-,,homme Espagnol. Il dit là que le Roy ,,d'Espagne par grand' faueur luy a ,,donné permission de passer aux In-,,des d'Occident auec toute sa famille, ,,& ce auec plusieurs graces & aduanta-,,ges, &c.

Perdomes ou Prendomes.

Ainsi donç, furent premierement conquises ces Isles Canaries, aux frais & auec la peine & le sang de nos François, dont les Espagnols ioüissent bien doucement auiourd'huy. Elles se trouuent sur le chemin des Indes d'Orient & d'Occident, & tous ceux qui prennent l'vne ou l'autre route les vont toucher, ou s'y rafraischir, ce furent les premieres ou *Colon* aborda en sa nouuelle descouuerte.

Canaries sur le chemin des Indes.

Pource qui est de ceste histoire escrite selon l'ignorance & la simplicité du temps. On a trouué plus à propos de la laisser en son langage rude & naïf, mais assez intelligible, que de la mettre en vn plus elegant; aussi que cela fait plus de foy de la verité, que tout ce que l'on en a voulu dire depuis. Elle a esté tirée d'vn ancien manuscrit fait du temps mesme, bien peint & enluminé, qui est gardé en la Bibliotheque de Monsieur de *Bethencourt*, Conseiller au Parlement de Roüen, issu de ceste mesme race des *Bethencours*. Il en a voulu faire liberalement part au public, dont il merite qu'vn chacun luy en sçache bon gré, pour l'interest que la France y peut auoir. C'est de luy aussi que nous auons eu communication de plusieurs memoires concernans ceste histoire, & la Genealogie des *Bethencoure*; & aussi des originaux des lettres de ces *Bethencours* des Canaries.

Langage de ceste histoire.

Au reste, ceste histoire fait mention du voyage[a] d'vn Religieux Espagnol de l'Ordre de S. François, en plusieurs endroits d'Asie & d'Afrique, mais c'est auec tant d'impertinences & d'absurditez, selon l'ignorance du temps, que

[a] *En 1390. voy depuis le chap. 55. iusques au 58.*

l'on y peut aysément remarquer, le peu de cognoissance qu'ils auoient alors de la vraye Geographie, & comme parmy quelques veritez, ils y entremesloient beaucoup de choses fabuleuses, ne sçachans faire difference des choses veuës, d'auec celles dont ils auoient ouy parler seulement, qui estoit le deffaut ordinaire de tous ces temps-là, comme nous auons jà fait voir cy-dessus és voyages de *Mandeuille* & d'autres. A propos dequoy est grandement à remarquer ce que *François Aluarez* dit [a] en protestant de la foy & verité de son histoire d'Ethiopie, *Qu'il donne pour veu ce qu'il à veu, & ce qu'il à ouy pour chose entenduë seulement*; sçachant tres-bien distinguer l'vn d'auec l'autre. Or ce Religieux auoit mis par escrit son voyage, que les autheurs de ceste histoire auoient veu, & fait quelque extrait d'iceluy; mais ce liure doit estre perdu.

p. 96.

[a] En la preface de son liure.

Mais il semble àpropos de finir ce discours par la Genealogie de la maisō des Bethencours, dont estoit nostre Cōquereur, & qui reste encor auiourd'huy; & y adiouster celle des Braquemonts, à cause de Messire Robert de Braquemont Admiral de France, proche parent de Messire Iean de Bethencourt, & qui en quelque sorte eut part à ceste conqueste, comme nous auons monstré cy-dessus.

GENEALOGIE DES Bethencourts.

Hist. de la maison d'Harcourt p. 588.

LA maison des Bethencours est tres-noble & ancienne, & appert assez par ceste histoire que ce premier Conquesteur des Canaries tenoit rang de Seigneur de qualité en son païs, comme le monstre bien ceste entreprise faite à ses despens. Aussi se qualifia-il *Roy & Seigneur des Caries*, comme tesmoigne vne certification en Latin donnée en faueur de Renaud de Bethencourt son frere par les Preuost des Marchands & Escheuins de Paris en 1434. où il est nommé Seigneur des Isles de *Quenare* ou *Canare*. Le certificat est datté du regne de *Henry*, qui

§. 34.

Bethencours, d'où.

Roys & Seigneurs

des Canaries. est *Henry 6.* Roy d'Angleterre, qui detenoit lors la ville de Paris sur son vray Roy Charles 7. Cela se voit encores par vn adueu fait de quelques terres audit Iean de Bethencourt l'an 1417. où il est nommé Seigneur des Isles de *Canare.* Son frere & heritier Renaud de Bethencour prit aussi la mesme qualité, comme il se voit en deux adueus à luy faits en 1426.

Seigneur d'Oiron és Canaries. Il se trouue aussi qu'vn Seigneur de la maison d'*Oiron* equippa quelques vaisseaux, auec lesquels il nauigea aux Indes Occidentales, & conquit le Royaume de *Canarie*, dont il porta le titre toute sa vie, Mais on ne peut coniecturer autre chose de cela, dont le temps n'est coté, sinon que long temps depuis nostre Iean de Bethencourt, il alla gaigner à force d'armes quelqu'vne de ces Isles, dont il se fit maistre, & l'on n'en a autre memoire & asseurance, non plus que de ce qu'on rapporte d'vne *Anne de Mortimer* femme de *Aniel de la Trimouille*, à laquelle apper-*Royaume de Canarre.* tenoit, à ce qu'ils disent le Royaume de *Canarre.*

Ce Messire Iean de Bethencourt

Cheualier est qualifié du titre de Baron, nom de dignité feodale eminente, plus grande que celle de Chastellain, & au dessous de celle de Comte. Sa Baronnie estoit celle de S. Martin le Gaillard en la Comté d'Eu, où il auoit vn Chasteau fort, qui fut pris & repris diuerses fois és guerres entre François & Anglois, comme le rapporte Monstrelet a qui parle du dernier siege & ruine d'iceluy en 1419. Il auoit herité de ceste terre de par sa grand'mere Isabeau de S. Martin qui en estoit Dame, cóme il appert par vn titre de l'an 1363. Ceste maison de S. Martin tiroit son origine du Cheualier Gautier de S. Martin frere de Guillaume Martel, enfans de Guillaume de Baqueuille, & de la seconde fille de Hersaud, frere de la Duchesse *Gonnor*, qui fut femme de Richard 1. Duc de Normandie, & mere du Duc Richard 2. dit sans peur, qui pour ce est appellé b *Gonnoride*. c. fils de Gonnor. Ceste Gónnor est dite en l'histoire, issuë d'vne tres-noble race des Danois.

Baron de S. Martin.

a 1. vol. c. 209.

Duchesse Gonnor.

b *Orderic. Vit. l. 3. hist. Eccles.*

Ce sieur de Bethencourt estoit aussi Seigneur de Grainuille la Teinturiere en Caux, qui est vne Chastellenie de-

Grainuille.

pendante du Duché de Longueville, qui passa depuis en la maison de Braquemõt, & de la en celle de Rouuille: il fut Chambellan du Roy Charles 6. & de Philippe Duc de Bourgongne, comme il appert par vne lettre de ce Roy de l'an 1400. Le Chasteau de Grainuille ayant esté desmoly, le mesme Roy luy permist de le remettre & fortifier en l'an 1388. comme il se voit au thresor des Chartres: Et là mesme se trouue que son ayeul & son pere estoient morts és guerres pour le seruice du Roy, & que luy estoit homme noble, de bonne vie & renommée, & auoit bien seruy le Roy en ses guerres, & qu'il vendit sa terre de Bethencourt & Grainuille à Robert de Braquemont en 1425. Il est bien dit en ceste histoire qu'il auoit engagé ces deux terres à ce Robert de Braquemont son parent, & y a apparence que ce fut pour faire ce voyage, puis que tous les historiens Espagnols & François disent, qu'il le fit à ses propres cousts & despens, & que pour cela il vendit ses terres, c'est à dire, qu'il les engagea lors, & apres il les peut

Il engagea ses terres pour faire son voyage des Canaries.

peut vendre du tout. Et toutesfois il y eut depuis contestation pour cela entre ceux de Bethencourt & de Rouuille; car on voit vne transaction de l'an 1426. entre Messire Pierre de Rouuille auec *Aldonce* de Braquemont sa femme (qui auoit eu la terre de Grainuille en mariage de son pere Robert) & Messire Regnaut de Bethencourt dit *Moreau* ou *Morelet* heritier de Iean son frere; sur ce qu'y ayant procez entre-eux pour les terres de Grainuille & Bethencourt, ils s'accordent que la possession de ladite terre de Grainuille demeureroit audit de Rouuille, & celle de Bethencourt audit Regnaut; Mais nonobstant, depuis en 1470. y eust encores contestation sur cela, entre Iean de Bethencourt fils de Regnaut, & les heritiers dudit sieur de Rouuille, cõme il appert par plusieurs actes de ce temps-là; & toutesfois la terre de Grainuille est demeuree iusqu'auiourd'huy à ceux de Rouuille. Quand à la terre de Bethencourt en Bray, qui est le Chef & manoir principal des Seigneurs de ceste maison, elle est assise

Terre de Bethẽcourt, où.

Tt

au Baillage de Caux, Viconté de Neuf-chastel en la Parroisse de Sigy, & est possedée auiourd'huy par les filles d'vn Louys de Bethencourt yssu de Regnaut. Il y en a vn autre de mesme non situee au mesme Baillage en la Viconté d'Arques qui appartient à Monsieur de Bethencourt Conseiller à Roüen.

Ancienneté des Bethencours. Pource qui est de l'ancienneté & Noblesse de la maison de Bethencourt, on voit dés l'an 1067. vn *Buttecourt* qui vray semblablement est Bethencourt, qui fut l'vn des Gentilhommes Normāds qui accompagnerent Guillaume Bastard Duc de Normandie, en sa conqueste d'Angleterre.

Philippes de B. Depuis on trouue memoire d'vn Philippe de Bethencourt; du temps du Roy Louys 8. enterré en l'Eglise du Prieuré de Sigy, où sa tombe a esté veuë de plusieurs encores viuans, & y en auoit encore d'autres de ceste maison enterrez là de plus grande ancienneté: mais tout a esté demoly durant les guerres ciuilles.

Ce Philippe est dit Cheualier, Seigneur de Bethencourt & de S. Vincent de Rouuray ; & eut son fils Messire Regnaut de Bethencourt Cheualier, Seigneur desdits lieux, comme appert par vne charte Latine de l'an 1282.

Ce Regnaut fut pere de Iean 1. mẽtionné en vne charte d'eschange, faite en l'an 1346. Ce Iean espousa Dame Isabeau de S. Martin fille & heritiere du Baron de S. Martin le Gaillard au Comté d'Eü, dont vint vn autre Iean 2. de Bethencourt, comme appert par autres lettres d'eschange de l'an 1358. Ce Iean premier, eut aussi deux filles, dont l'aisnée fut femme de Messire Pierre de Neufuille, puis de Messire Eustache d'Erneuille, dont elle eut Philipote d'Erneuille femme du sieur de Maurepas, qui en eut vne fille mariée au sieur de Bonteruiller; l'autre fille fut mariée en Auge, dont sont venus la Damoiselle d'Espreuille, les sieurs de Vipars & Mailloc, & la femme du sieur des Angles. *Iean 1.*

Ce Iean premier estãt mort à Honne-fleur, en la compagnie du Mareschal de Clermont enuiron l'an 1357.

Isabeau de S. Martin sa vefue se remaria à vn Matthieu de Braquemont.

Iean 2. Iean deuxiesme, espousa Madame Marie de Braquemont fille de Messire Regnaut de Braquemont Cheualier Seigneur de Trauersain en Normandie, comme il appert par contract de Mariage passé en la Viconté de Longueuille en 1358. Il mourut en la journee de Cocherel en 1364. en la compagnie de Messire Bertrand du Guesclin.

Iean 3. & Regnaut. De ce mariage vindrent Messire Iean 3. de Bethencourt nostre Conquerant, & Messire Regnaut de Bethencourt dit *Morelet* ou *Moreau*. Iean fut Seigneur de Grainuille la Teinturiere & d'autres terres mentionnées en ceste histoire a: car là il est dit Seigneur de Bethencourt, Grainuille, S. Sere, Lincourt, Riuille, du grand Quesnay, & Huqueleu, de S. Martin, &c. Il espousa vne femme de la maison du Fayel en Champagne (comme dit ceste histoire) dont il n'eut enfans, & estant mort en 1425. comme il appert par plusieurs actes, son frere Regnaut luy succeda en tous ses biens;

a ch. dern.

& de luy sont descendus tous les Bethencours de Normandie d'auiourd'huy.

Ce Regnaut, dit Cheualier, grand maistre d'Hostel de Iean Duc de Bourgongne, & Cheualier du Guet à Paris, du temps que les Anglois la tenoient; il espousa en premieres nopces Marie de Breauté Dame de Rouuray pres Verneüil, & en seconde nopces Philipote de Troyes natiue de Paris, qui de son premier mary auoit eu trois filles mariees en Angleterre, dont sont venus les sieurs de Galet, de Houdetot, & Sommercy, & autres, tant en Angleterre, que Flandres & France. *Regnaut de B.*

Regnaut, de ceste Philipotte eut Iean 4. de Bethencourt, qui de sa femme Ieanne de Noyon fille de Crespin de Noyon, Seigneur de Cahengnes, eut quatre fils & deux filles. *Iean 4.*

Les fils furent Louys, Iacques, Iean & Anthoine: Les deux filles mariées l'vne au sieur de Belleuille, l'autre au sieur de Gaucourt dit Passart.

Louys de Bethencourt l'aisné, de Françoise Baignard sa femme, fille de *Louys de B.*

Guillaume Baignard ſieur de Folleuille, eut Iean 5. & Iacques ; Iean 5. de Marie de Biuille ſa femme eut Matthieu de Bethencourt, mary de Bonne d'Eſpinay fille du ſieur de S. Luc, & n'eut enfans. Iacques, de Marguerite Regnaut ſa femme, eut Louys 2. & Richard. Louys 2. de Marie du Fay ſa femme, eut deux filles, dont l'aiſnée fut mariée à Iean de Biuille ſieur de Berengueuille ; & l'autre à Matthieu Boquet ſieur de Saumont ; elles poſſedent auiourd'huy la terre de Bethencourt en Bray, qui eſt l'ancien manoir des Bethencours.

Iean 5. *Iacques.* *Louys 2.*

Richard. Richard de Bethencourt eut Edoüard de Bethencourt ſieur de la Chapelle. *Iacques 2.* Iacques de Bethencourt ſecond fils de Louys deuxieſme, eut *Iean 6.* Iean 6. Eſcuyer Seigneur de Mauguenchy, Randillon, S. Pierre, le Queſnay, Glatigny, Huqueleu, & Quenonuille ; de ſa femme Marie le *Galien de B.* Clerc, Il a eu Galien de Bethencourt Eſcuyer Seigneur deſdits lieux & Conſeiller en la Cour de Parlement de Rouen ; qui de Damoiſelle Marie Ygou ſa femme, a eu Galien 2. & Iacques de Bethencourt Escuyers.

Iean 7. troisiesme fils de Louys I. est pere de Iean 8. de Bethencourt, visiteur à Roüen. Iean 7. & 8.

Anthoine 4. fils de Louys I. fut d'Eglise.

Iean 5. de Bethencourt bailla en 1540. ceste Genealogie des Bethencours, par deuant les Esleus de Gisors Commissaires du Roy, dont collation fut faite sur les coppies des Originaux en l'an 1556.

Tout ce que dessus de la Genealogie des Bethẽcourts paroist par bons tiltres, chartes & enseignemens qui nous ont esté communiqués par Monsieur de Bethencourt, Conseiller à Roüen.

Les armes des Bethencours sont à vn escu d'argent, vn Lion rampant de sable, armé de gueulles. Armes des B.

a Tiré des memoires des sieurs Iustel & du Chesne.

Hist. de la maison d'Harcourt Tom. 2. p. 1569.

§. 35.

DES BRAQVEMONS[a].

POVRCE que Messire Iean 3. de Bethencourt & Regnaut son frere estoient fils de Marie de Braquemont, il semble à propos de dire quelque chose des Braquemōs, qui est vne maison fort noble, ancienne & qualifiée.

Regnaut, 1

Nous n'en trouuons point de memoire plus haut qu'enuiron l'an 1358. Regnaut de Braquemont Seigneur de Trauersain, eut Regnaut 2. de Braquemont sieur de Trauersain, & Marie de Braquemont qui fut mariee à Iean 2. de Bethencourt.

Regnaut. 2.

Ce Regnaut 2. eut plusieurs enfans, à sçauoir Guillaume, dit Braquet de Braquemont, Robert, Iean & Lionnet.

Guillaume de B. Seigneur de Sedan.

Guillaume est dit Seigneur de Braquemont, du Pont-trancart, de Sedan & de Floranuille en Ardenne, & Gouuerneur de Mouson, comme il se void en plusieurs actes de 1385. 1396. 1411. & 1414.

L'on ne sçait pas bien si ceste Seigneurie estoit auenüe audit Guillaume par mariage, achapt ou autrement; mais on trouue qu'elle auoit esté possedée auparauant par ceux de la maison de *Iausse*, puis par celle de *Barbançon* des Pays bas, & de là estoit tombée en celle de Braquemont.

Par vn contract de mariage en 1396. de Marie de Braquemont fille de Guillaume de Braquemont auec Iean d'Argies de Bethencourt sieur de Frameruille, fils de Messire Iean d'Argies Cheualier sieur de Bethencourt sur Somme, & de Dame Clemence de Ruisseuille, se void que Guillaume de Braquemont & Robert son frere estoient fils de Regnaut. Au reste, ce Iean d'Argies sieur de Bethencourt est autre que nostre Iean 2. de Bethencourt, mary d'vne autre Marie de Braquemont, qui deuoit estre tante de ceste Marie derniere, & aussi cette terre de Bethencourt sur Somme, autre que celle de Normandie. Ce Guillaume 1. de Braquemont sieur de Sedan &c. eut à femme Marie de Canremy dont il eut Louys, Guillaume, Ma-

Bethencourt sur Somme.

Guillaume 1.

rie, Marguerite & Robine de Braquemont. Guillaume 2. marié en 1404. à Ieanne de Harcourt fille de Messire Philippes de Harcourt Seigneur de Bonnestable.

Louys.

Louys de Braquemont Seigneur de Sedan & Florenuille, vendit en l'an 1424. les terres & Seigneuries de Sedan & Florenuille à Damoisel *Eurad de la Mark*, Seigneur d'Arenberg & du Neuf-chastel, & est qualifié en ce contract de vente, du titre de noble & puissant Seigneur, Louys Seigneur de Braquemont fils de Messire Guillaume de Braquemont.

Euerard de la Mark.

Cet Eurard de la Mark espousa Marie de Braquemont fille de Guillaume 1. qui auoit espousé en premieres nopces Iean d'Argies sieur de Frameruille. Il en eut Iean de la Mark *Hauduoue* * de Hasbaing, Seigneur d'Arenberg, du Neuf-chastel, de Sedan, d'Asseu, de Lumen, d'Aigremont; Et les terres de Lumen, d'Aigremont, de Sedan, &c. sont dites à luy deuoluës & venuës à cause de sa mere, par la mort de Messire Louys & Guillaume 2. dit

* *Aduocatus, Haudnoné ou Anoué, de Hasbain, Hasbania, c'est le pais de Tongres au Liege.*

Braquet de Braquemont ſes oncles & freres de ſadite mere : cela ſe void en vne lettre de mainleuée de l'an 1438. De ſorte que par là on voit que ces terres de Sedan & autres, vindrent a ceux de la Marck partie par achapt, & partie par ſucceſſion.

Les autres filles de Guillaume 1. de Braquemont, à ſçauoir Marguerite & Robine furent mariées, l'vne à Iean Tirel ſieur de Prin & de Mareuil, l'autre à Iean Seigneur de Baiquencourt, comme il ſe voit en vne lettre de procuration de l'an 1466.

Robert de B. Admiral de Frãce.

Pour Robert de Braquemont fils de Regnaut 2. & frere de Guillaume 1. il eſt appellé diuerſement par nos hiſtoriens François, & par les Eſpagnols, *Robert, Rupert, Robin, Rubin* & *Robinet*. Ce Robert eſt fort renommé és hiſtoires de France & d'Eſpagne, & fut fait Admiral de France en 1418. fit pluſieurs voyages en Eſpagne pour aſſiſter les Roys de Caſtille en leurs guerres contre les Mores, & s'y maria meſme, & y mourut.

Monſtrelet Vol. 1. chap. 42. p. 51. 1.

Il eſt appellé proche parent de Iean troiſieſme de Bethencourt noſtre conquerant, & estoit son cousin germain : & bien que nostre histoire l'appelle son oncle ; toutesfois selon la façon de parler de ce temps-là, cela quelquefois ne vouloit dire que cousin germain, ou autre proche parent.

Toutes nos histoires enseignent comme ce Robert seruit tres bien nos Roys en toutes leurs besongnes contre les Anglois & Bourguignons cõme entr'autres au pont de l'Arche & à Neuf-chastel assiegez par l'Anglois : il fut enuoyé par le Roy Charles 6. en Espagne où il fit de grands exploits : Et toutesfois nos histoires n'en parlent pas beaucoup à cause des factions de Bourgongne, la pluspart des Historiens d'alors estant partisans de Bourgongne, & luy estoit Orleanois. Et apres la mort du Duc d'Orleans fut enuoyé par Charles 6. au secours du Roy de Castille contre les Mores, qu'il deffit sur mer en titre d'Admiral de France. Monstrelet partisan de Bourgongne ne le qualifie de ce nom.

Robert en Espagne.

Le continuateur de l'histoire de l'Abbé d'Vrsperg dit, que l'an 1415

Alfonce Roy de Castille deffit le Roy de Grenade & les Mores, & là en marge est noté que ce fut par le moyen de Robert de Braquemont François.

Les Espagnols aussi n'en parlent pas beaucoup, par enuie, & suppriment en ceste victoire, comme en toutes les autres où il eut part, le nom de Braquemont tant qu'ils peuuent.

Et toutesfois *Gonçale Argote de Molina* en son histoire de la Noblesse d'Andalousie, dit qu'il estoit Admiral de France, & qu'il se trouua en Espagne auec Bertrand du Guesclin pour Messire Henry, contre le Roy Don Pietre & les Anglois. Il faut que cela ait esté en l'an 1366. en la premiere bataille de *Nadres* (*Naiera*) ou en la seconde de *Montiel* en 1368. & deuoit estre alors fort ieune: Il se maria en Espagne enuiron en 1400. auec Doña *Iñez de Mendoça*[a] fille de *Don Petro Gonçales de Mendoça*, & de *Dona Aldoça de Ayala*, d'où est venuë la mai de l'*Infantado*, & d'iceux est descenduë la maison de *Pennaranda*. Somme que les Braquamonts d'Espagne en

Robert marié en Espagne.

a *Surita* l. 10. c. 73.

sont yssus en titres de Comtes, & sont de ceux qu'ils appellent *Titulados*, & és guerres des pays-bas sous le Duc d'Albe est fait souuent mention [a] d'vn *Gonçalue de Bracamonte* Maistre de Camp du Tercio de Sardagne.

a *Thuan. hist. l.* 43.

Rouuille maison.

Ce Robert de Braquemont entr'autres enfans eut sa fille *Aldonce* de Braquemont du mesme nom que sa grand' mere *Aldonce de Ayala*, & la Maria à Messire Pierre de Rouuille fils de Pierre de Rouuille dit *Moradas*. Ceste maison de Rouuille est fort ancienne, & dés le temps des Ducs de Normandie s'appelloient de *Gougeul*: Aussi leurs armes sont vn Escusson d'azur à deux gougeuls ou gougeons d'or adossez, semé de billetes d'or: depuis ils prirent le nom de Rouuille à cause de la terre de Rouuille qui leur fut donnée par vn Duc de Normandie.

Gougeul.

Sous Philippe Auguste, il y eut vn Robert de Gougeul Seigneur de Rouuille: de ce Pierre de Rouuille & d'Aldonce de Braquemont sont descendus les Seigneurs de Rouuille d'auiourd'huy. Ceste Aldonce de

Braquemont auoit esté accordée auparauant à Iean de Breauté fils de Roger sieur de Breauté.

De Iean de Braquemont frere de Robert, parle Froissard [a], quād il dit, que Robert & Iean de Braquemont son frere furent en 1388. en Espagne, pour secourir Iean 2. Roy de Castille contre celuy de Portugual. De ce Iean ou de Lionnet son frere, dont parle Monstrelet [b] en l'an 1406. sont sortis les Braquemonts de France d'auiourd'huy : car la posterité de Robert demeura en Espagne.

a Vol. 3. c. 30.

b Vol. 1. c. 28.

FIN.

Loüé soit Dieu.

Senec. Nat. quæst. [illegible] p. 819 [illegible] Atlanticum [illegible] navigasse [illegible]
[illegible] tota [illegible]

Horat. l. 1. Carm. Od. 31. Mercator ..... quippe ter et quater Anno revisens æquor Atlanticum.

Grands Voyag. Tom. 3. Part. Navig. 2ª. Brunonis, p. 40. Galli primi castellum Minam in ora occidentali Africæ fundaverunt.

Grands Voyag. de l'Amériq. Tom. 1. Part. 1. Præfat. Icon. p. 9. Florida a Gallis reperta, longo ante inventam ab Anglis Virginiam. Part. 2. p. 2. Nova Francia ab Hispanis terra Francesca dicta.

p. 230. 255. Sepulture des habitans de Teneriffe.

p. 259. Vol d'un faucon d'Andalousie en Teneriffe en 16 heures.

p. 260. Açores quand decouvertes.

p. 265. Louys de la Cerde Coste de Clermont, Roy des Canaries.

p. 286. Un Seigneur de la maison d'Oiron, Roy des Canaries. 299.

p. 294. Sedan venu de la maison de Braquemont a celle de la Mark.

p. 301. Maison de Pisuerga descendue de celle de Braquemont.

p. 312. Maison de Rouvilla.

p. 257. Vens de Teneriffe.

Geographus Nubiens. Clim. 4. Part. 1. p. 156. 157. et seq. parle de certains Portugais nommez Almagrurin c'est-a-dire errans, qui partirent de Lisbonne et s'embarquerent sur l'Ocean pour faire des decouvertes, il descrit leurs avantures.

Strabo libr. 1. p. 38. Quidam Menelaum in Æthiopiam navigasse volunt per Gades.

Raræ in Oceanum navigationes temporib. Taciti. Tacit. de morib. German. cap. 2. p. 587.

Romani Oceanum Germanicum intrarunt propemodum. Tacit. [illegible] c. 34. p. 669.

Strabo libr. 3. p. 170. de columnis Herculeis: [illegible]
[illegible]

Aristotel. de mundo, cap. 3. p. 604. docet in Oceano plurimas alias insulas jacere, nostro continenti similes.

Antonius Galvanus librum de inventorib. orbis novi conscripsit. Maffeius libr. 12. p. 537.

Ignotum hominum genus in navicula non longe a Britannia repertum. Petr. Bembi Hist. Venet. libr. 7. p. 111. 2.

De Lusitanorum expeditionib. et Chr. Colombi navigatione. Petr. Bemb. Rer. Venet. libr. 6. p. 82. et seq.

De Colombi navigatione. Arnold. Ferroni in Carolo VIII. p. 40. 1.

Veterem sententiam de Oceano habes in Pedonis Fragment. de Navig. German. p. 116. Poëmat. Veter.

Plusieurs ont beaucoup plus navigé qu'Americ Vespuce. Hist. gen. des Ind. de Gomare, livre 2. ch. 88.

Himilco Pœnus navigationes suas in literas retulit. Avienus in Ora marit. p. 291. Epigr. Pith. et p. 300. 301.

Dionysius Perieg. v. 711. Mare Indicum olim frequentib. commerciis et navigationib. celebrabatur.

Avienus Ora mar. p. 300. docet neminem Oceanum navigasse. Idem tamen ibidem docet Carthaginenses ultra Columnas Herculis navigando processisse et plurimib. navigiis usos.

Periplus Africæ, apud Marshamum Chron. Can. p. 532.

Juvenal. Sat. 14. in vers. Sed longe Calpe relicta Audiet Herculeo stridentem gurgite Solem.

Antipodes. Senec. Hippolyt. A. 3. v. 927.

Navigations des Chinois. Hist. de la Chine de Gonzales de Mendoce, Part. 1. livre 3. chap. 7. p. 57. 2.

Solin. cap. 56. p. 88. A Fortunatis quadraginta dierum navigatione distant æstimanti.

Appian. Tom. 2. p. 255. Nec Romani, nec Romanis subditae gentes, ultra Columnas Herculis ad Britanniam pervenerunt. Bell. Gall. l. 4. p. 593. Primus Caesar Germanos in [illegible], dum navigatione transgressus est.

www.ingramcontent.com/pod-product-compliance
Ingram Content Group UK Ltd.
Pitfield, Milton Keynes, MK11 3LW, UK
UKHW022006170726
13837UKWH00001B/18

9 782019 911607